AF291088

La déliquescence

Lola Piffero

La déliquescence

Roman

LE LYS BLEU
ÉDITIONS

Pour A

Première partie
Le chat
1989

Le compte avait commencé
À rebours
Était-ce vertige déveine
Qui sait
Un voyage un seul aller
Au long court
D'où l'on ne revient jamais...

Sorry Angel, Serge Gainsbourg, 1984

Chapitre 1

Le chat était mort. Son corps maigre étalé sur le parquet, inerte, ses poils blancs éclatants dans la flaque de soleil du début de matinée. Alexandra a refermé la porte derrière moi et s'est mise à respirer fort, par saccades, elle a tourné en rond dans l'appartement pendant que je me tenais au milieu de la pièce, blafarde face au corps sur le sol. Un nuage est passé devant le soleil. Alexandra m'a regardée en tenant le dos de sa main plaquée contre sa bouche, puis a hurlé et éclaté en pleurs.

« Qu'est-ce que tu as fait ? »

Elle s'est laissée glisser le long du mur.

« J'ai tué Ange, Marjorie. J'ai laissé traîner la mort aux rats. »

Nous avons installé le chat enrobé d'une couverture au fond d'un carton, volé la pelle du local et nous sommes dirigées dans un des parcs de l'arrondissement, dans un coin sous les arbres suffisamment caché. J'ai creusé, elle a déposé le carton et recouvert le trou. Je l'ai prise dans mes bras et elle m'a entraînée dans son chagrin. Ensuite, nous avons rejoint son appartement pour récupérer nos valises. Alexandra a violemment claqué la porte et fermé à clé, quand enfin nous nous sommes rendues à la gare. Elle gardait ses immenses lunettes de soleil pour cacher ses yeux gonflés, et tenait dans son poing serré un mouchoir humide et froissé. Dans le train, nous regardions banalement le paysage défiler, sans nous parler. Alexandra avait les joues brillantes de larmes et ses cheveux fins étaient collés à ses tempes. À Narbonne on changerait d'air, on oublierait les études et on écouterait Gainsbourg sur la plage. Mon amie s'est endormie la tête contre la vitre, la nuque poisseuse. Je me suis levée et j'ai traversé les wagons pour m'enfermer dans les toilettes. J'ai vomi. Ensuite, je me suis lavé les mains en frottant très fort, comme si j'avais tué moi-même le chat et que j'avais pris son corps fragile dans mes bras. Lorsque je suis retournée m'asseoir, Alexandra était réveillée et n'avait pas changé de position, ses yeux seuls bougeaient pour se poser sur moi.

« Pourquoi j'ai laissé traîner la mort-aux-rats ? »

Elle n'attendait aucune réponse, alors elle a tourné la tête et ses cheveux m'empêchaient de voir son visage que je devinais rouge et rempli de larmes. Des larmes qui dégringolaient le long de ses joues en de petits ruisseaux salés puis séchés. Les gens autour de nous étaient laids, tout me paraissait difforme. Des nez trop imposants, des mentons appuyés de cette fossette qui les déforme, des oreilles sales, des poils sur des nuques, des bouches qui ne donnent pas envie, les peaux texture poisson. J'avais du mal à avaler ma salive, je croyais mourir vivante par cette chaleur insoutenable contre le siège en velours, le soleil laissait sur ma joue gauche l'effet d'une gifle et des fourmis grouillaient dans le sang de mes jambes. Le train est arrivé en gare dans l'après-midi, quand le soleil était encore brûlant et un taxi nous a conduites jusqu'au petit hôtel dans lequel nous travaillerions. La secrétaire nous présentait l'endroit, des individus, des mains à serrer, une bise sur une joue féminine et des règles à retenir. Alexandra et moi avions chacune notre chambre, au même étage. Avant d'entrer dans la sienne, elle m'a confié :

« Je n'aime pas cette fille, la secrétaire. Elle sent la douceur. Je ne fais pas confiance à ces gens, ils sont capables de te manipuler. »

Je ne sais pas pourquoi elle a dit ça. Nous avons rencontré le patron de l'hôtel dans la soirée, un quinquagénaire avec un fort accent anglais, et je voyais à la mine d'Alexandra qu'elle ne l'aimait pas. Elle n'aimait personne, à part son chat désormais avec les anges, et moi, parce que j'acceptais sa personnalité. Le cuisinier italien lui a demandé si elle allait bien tandis qu'elle était écroulée sur le bar, les yeux humides.

« Mon chat est mort. »

Je l'ai observé un moment, il lui caressait la main avec douceur et lui a offert un verre, tout ce qu'elle détestait de la part d'un homme. Pourtant elle l'a laissé faire et lui a souri. Ils sont restés ensemble toute la soirée et les verres se succédaient. Plus elle buvait, plus elle souriait. De mon côté, j'ai parlé de Frida Khalo avec la secrétaire, cette jeune asiatique en effet très douce avec son long corps et cette élégance des années trente. Je regardais beaucoup ses mains qui se mettaient délicatement en mouvement dans les airs lorsqu'elle parlait, comme si elle mimait chaque mot. Elle m'a dit qu'elle aimerait voir mes peintures et, si touchée que j'étais, je n'ai rien osé ajouter à part « merci ». Le rire d'Alexandra a déchiré la salle, son rire trop fort de fille qui fait semblant. Elle finissait toujours par rire quand elle était triste, passant d'un extrême à l'autre, puis en général elle dansait et se remettait à pleurer. Je connaissais si bien ces moments et depuis j'ai appris qu'il fallait la laisser faire, surtout ne rien dire, ne pas la raisonner, ne pas la calmer, ne pas lui crier dessus. Elle avait besoin d'envahir l'espace pour se remettre des émotions qu'elle ne parvenait pas à gérer. Vers vingt-deux heures, je me suis approchée du bar et en passant, j'ai glissé à Leonardo :

« Surtout ne l'embrassez pas, elle risquerait d'y croire. »

Je savais de toute façon qu'il ne resterait pas avec une fille comme Alexandra. Il s'est contenté de sourire et a enlacé les doigts d'Alexandra qui finissait un énième verre. Je lui ai fait un signe auquel elle n'a pas répondu et j'ai rejoint ma chambre au troisième étage.

À cette époque, nous avions vingt-deux ans et beaucoup d'incertitudes. Alexandra me suivait, je la suivais, on se suffisait. Au début, j'ai eu du mal à cerner quel genre de fille elle était, plutôt révoltée et instable, ou bien sérieuse et fréquentable. J'ai finalement appris qu'elle était les deux personnalités à la fois. Et à son tour elle m'a découverte, discrète et intuitive. Je ne savais pas comment Alexandra vieillirait, et moi-même non plus, on poursuivait ensemble nos études de biologie et on évitait de se poser trop de questions. À côté, je peignais des tableaux en écoutant Gainsbourg dans mon studio, le plus haut d'un immeuble qui ne payait pas de mine, la fenêtre ouverte sur un Paris printanier, c'est ce que je préférais. Je m'inspirais de Frida Kahlo et j'espérais que rien ne perturbe mon monde et mon équilibre. Alexandra venait les samedis matin avec un sac de croissants, après une nuit d'alcool et de musique, en me racontant comme elle s'était amusée, mais que je lui avais manqué. Je n'aime pas le monde de la nuit parce qu'il n'est rien de signifiant, on oublie toujours tout, les gens ne se souviennent pas de vous, tout s'échappe dans un nuage brumeux de cigarette dans le petit matin à l'extérieur de la boîte, l'alcool tache, la peau est collante, les yeux secs, et j'ai toujours trouvé qu'on était un peu hystérique en boîte. J'ai tenté une fois à dix-huit ans avec Alexandra, pour fêter notre majorité, et j'ai vite regretté. Je n'ai pas compté le nombre de verres que m'offrait un mec que je ne connaissais pas, il m'a parlé de lui toute la soirée, mais aucun autre souvenir ne me revient, à part lorsque j'ai vomi sur la piste de danse et qu'une fille en robe blanche a hurlé. Je me suis crue dans un film d'horreur.

Le matin, j'étais chargée de m'occuper du petit déjeuner des clients tandis qu'Alexandra s'occupait du nettoyage. J'allais ensuite l'aider quand le service était terminé, et à ce moment elle me parlait de Leonardo. Elle l'adorait. Il n'y avait plus que lui dans ses discussions. Elle croyait en cette relation que je pressentais comme un courant d'air, comme l'histoire d'un été. Leonardo était de ces hommes qui usaient de leur charme pour amadouer, puis qui lâchaient bassement : « Mais qu'est-ce que tu as cru, que ça durerait toute une vie ? Il ne faut pas t'attacher comme ça, tu passerais ton temps à être déçue. » Mais Alexandra était une fille qui s'attachait telle une sangsue, elle avait trop peur de l'abandon. Elle sélectionnait ce qui lui paraissait suffisamment fort et viril, avec du charisme. Chaque soir Alexandra retrouvait Leonardo dans un bar de Narbonne tandis que j'allais nager dans la mer, en même temps que le soleil déclinait et laissait couler sur le sable un dernier voile de chaleur. Parties ensemble pour l'été, mon amie et moi passions finalement nos semaines éloignées l'une de l'autre. Un dimanche j'ai acheté une toile vierge dans un magasin du centre-ville et commencé à peindre ce que je trouvais de plus beau en face de moi, la mer qui s'avançait sur la plage. Je me rappelle un de ces soirs où Alexandra s'est énervée contre un client de l'hôtel, un homme très gros, avec une tache de vin sur le front, qui se plaignait de son plat pas assez chaud. Alexandra lui a jeté un regard noir avant de ramener l'assiette en cuisine pour la réchauffer, puis je l'ai vue repartir à la table du client et la déposer violemment devant lui. Il a plissé le nez et l'a regardée.

« Vous êtes bien insolente, ma grande. Faut pas travailler ici si vous aimez pas les touristes. »

J'ai failli intervenir pour apaiser les tensions, mais Alexandra s'est saisie de la carafe d'eau en verre et l'a jetée sur le carrelage de la terrasse. Le bruit fracassant a jeté un froid glacial et des éclats de verre se sont éparpillés partout.

« J'aime juste pas les gros cons ! »

La secrétaire, Maï, a accouru avec toute la gentillesse du monde pour dire à mon amie qu'elle allait ramasser. Alexandra a craché dans l'assiette du client, puis s'est dirigée dans la salle où je me suis mise face à elle.

« Ça ne va pas, pourquoi t'as fait ça ? Tu peux être sûre qu'il ne va jamais revenir, tu peux te faire virer Alexandra.

— Je m'en fous, j'en ai marre, c'est pas fait pour moi le social et l'amabilité. »

Je ne l'ai pas reconnue, jamais elle n'avait été aussi violente malgré son tempérament de feu. Soudain, elle a éclaté en sanglots et Leonardo est resté caché dans sa cuisine. Je l'ai serrée dans mes bras et sans m'en rendre compte, j'ai arrêté de respirer. Elle s'accrochait à moi comme pour ne pas tomber, un poids a alourdi mon cœur et ne m'a plus quittée. J'étais donc la seule personne capable de la calmer, d'apaiser ses extrêmes tristesses et ses colères sulfuriques. Je lui ai dit que ce n'était pas grave, que cet homme était un con, qu'il y avait bien d'autres carafes pour remplacer celle qu'elle avait cassée. J'étais entrée dans un cercle vicieux en transformant ses actes en choses futiles qui n'auraient aucune répercussion. J'allégeais ces moments comme je le pouvais, en décuplant toutes mes forces, physiques et mentales à la fois. Avec moi, rien n'était grave. À l'intérieur je tremblais, j'avais peur moi aussi, je ne savais pas de quoi Alexandra était capable et je craignais que les conséquences nous rattrapent. Parce que dans ses chutes, nous étions deux.

Le lendemain, Alexandra partait avec Leonardo en Italie par le train. Elle le lui avait réclamé et il avait accepté. Il aurait dû voir mon regard à ce moment, mais il a baissé la tête et passé sa main nerveuse sur la barbe mal rasée qui garnissait son menton pointu. Alexandra ne voulait pas retourner à Paris et vivre le vague-à-l'âme de la solitude en cet été caniculaire, dans la ville vide et les rues pleines de volets fermés, les parcs ombragés morts, dont celui où l'on a enterré Ange. Le patron de l'hôtel a dû chercher un nouveau cuisinier pour la saison et par chance, il a déniché un étudiant tout juste sorti de l'école hôtelière. Depuis, un étrange calme régnait et le gros client à tache de vin était parti. Alexandra m'a envoyé une lettre en m'annonçant qu'elle était très heureuse avec Leonardo, qu'elle adorait l'Italie. Là-bas on mangeait bien, tout était coloré, ils étaient dans un superbe hôtel et elle gagnait de l'argent en cueillant les fruits et légumes de saison. J'ai répondu à sa lettre avec bienveillance sans plus m'étaler, car rien ne me venait, je ne savais pas quoi lui dire. Cet été nous a éloignées pour la première fois, mon équilibre était perturbé sans elle, à tel point que je me sentais seule dans un monde hostile. J'écoutais Gainsbourg et j'avais envie de pleurer, dans mon coin de plage reculé, près des rochers, loin du flux touristique. Je nageais de plus en plus loin, parfois tard, et je me vidais la tête. Je me suis écorché le mollet contre un rocher sous l'eau lorsque je suis retournée vers la plage, j'observais sans penser le sang partir avec les petites vagues et alors je me suis dit que le sel permettrait à la blessure de cicatriser. Au bout d'une semaine, ma peinture était achevée et j'ai décidé de l'offrir à Maï. Elle était si contente qu'elle m'a enlacée, dans son envoûtant parfum et ses bras fins. Le mois d'août prévoyait moins de touristes, mais un soleil toujours aussi plombant. Ma frange est ainsi tombée sur mes cils et je ne l'ai pas touchée, je la laissais envahir mon front, ce qui semblait plaire au nouveau cuisinier de l'hôtel que j'observais beaucoup jusqu'alors sans même lui adresser la parole. Mais un jour, il m'a dit que ma frange m'allait bien. Je lui ai souri du regard, ce qui l'a fait hausser des sourcils. Il avait une allure de grand délicat, jusque dans ses doigts lorsqu'il ajoutait les derniers détails dans une assiette avant que je la serve, et rien chez lui n'était maladroit, malgré ce corps immense, sûrement trop pour rentrer dans le monde, juste assez pour occuper brillamment une cuisine. Sa jeunesse avait été difficile, des mois longs comme une éternité passés dans le coma après une fracture des vertèbres cervicales, une lourde séquelle a depuis chamboulé son corps, une épaule plus haute que l'autre, deux omoplates décalées telles des pierres que l'on aurait déplacées. Je trouvais son corps fascinant, il était une véritable sculpture artistique, un charme à faire rougir, une silhouette bancale dans un monde où tous se tiennent droits. Noam me rappelait Frida Kahlo pour cette fragilité de verre, c'est pour cela, je crois, qu'il m'a bouleversée. Un accidenté de la vie.

Chapitre 2

Quelques derniers vacanciers séjournaient, bronzés comme des étrangers, les lèvres un peu cramées, les cheveux secs. Cet été-là était très chaud. Le dernier jour Noam m'a préparé une glace maison au cassis, que j'ai savourée à l'ombre d'un parasol sur la terrasse, à côté de lui. Je n'ai pas osé poser plus de questions sur son accident, alors je lui ai demandé banalement ce qu'il comptait faire en septembre. Il retournerait sur Avignon et commencerait à travailler dans un grand restaurant, mais son rêve était d'aller à Paris. Il regardait souvent droit devant lui lorsqu'il parlait. De rares fois, il me fixait dans les yeux, juste quand moi je me mettais à parler, ce qui me déstabilisait énormément. J'ai reposé le petit bol vide sur la table et je suis allée chercher ma valise, j'ai salué tout le monde, le patron, Maï, et Noam qui m'a fait une bise. J'ai attrapé mon train sans que Noam ne quitte mes pensées. Il y a des rencontres qui chamboulent, qui promettent, on s'y attache un temps et pourtant elles ne mènent à rien. Elles se limitent à une première et dernière bise, c'est une petite claque, presque une déception. Ça ne tient à rien. Un goût unique de glace au cassis et l'écœurement d'un départ. Ça n'a été qu'une glace et une bise, froides, glacées. Tout est retombé comme de la brume et il n'y aurait aucune suite, il n'y aurait même pas de fin, c'était coupé en plein milieu, un segment, une tête et une queue de lézard. Je me suis endormie toute froissée, les bras croisés et les jambes emmêlées, la joue plaquée contre la vitre. Ce trajet a été le plus long de ma vie. J'ai bu deux bouteilles d'eau tant ma gorge était sèche et je sentais encore sur moi l'odeur lavande de l'hôtel, un effluve du parfum de Maï et celui, le plus subtil, de Noam, incrusté dans mes narines, entre transpiration de chaleur et cuisine aux épices. Chaque fois que je me réveillais, la nuit s'épaississait, je me rendormais dans cette position inconfortable, puis l'agitation m'a indiqué que le train arrivait en gare. Je ne marchais plus très droit, comme saoulée de fatigue et de chaleur. J'étais de retour à Paris, complètement vidée.

Alexandra m'a rejointe quelques jours plus tard, accompagnée d'un petit oiseau vert qui chantait très fort, une perruche à collier. Elle était aussi heureuse qu'une enfant, l'appelait Clyde en référence à Gainsbourg et Brigitte Bardot. La mort d'Ange l'a désespérée à tel point qu'elle a ramené d'Italie un animal totalement différent, bruyant, à plumes, et triste. Un oiseau domestique, c'est triste. Surtout une perruche. Après m'avoir parlé longuement de l'oiseau, elle a orienté la conversation sur Leonardo, cet homme de trois ans son aîné, qui la rendait folle d'amour. Ce jour-là Alexandra a tout dit : « Folle d'amour ». J'ai regardé son grain de beauté entre les deux yeux, ce que j'ai toujours associé chez elle au troisième œil, censé symboliser la connaissance de soi. C'est le premier détail que j'ai remarqué sur son visage, elle m'a fait penser à une Indienne blonde et blanche, aux yeux poudre de cacao. On ne pouvait la lier à aucune origine particulière, elle était une sorte de mélange de plusieurs terres. Mais son troisième œil ne suffisait pas à ce qu'elle se connaisse véritablement. Elle n'était rien qu'une fille qui pensait adorer la vie, c'est ce qu'elle disait. Elle était follement amoureuse, et les autres autour n'étaient que poussière. Elle aimait l'amour, moi, et les animaux. Elle a toujours préféré les animaux, la biologie était sa voie, sa plus grande réussite, son monde. La biologie nous a soudées après les années au lycée près d'Aulan, dans la Drôme, où l'on s'est ennuyées trois ans. Aulan était ce petit village reculé fait de châteaux en pierre et d'immenses étendues de verdure, mort et glacial l'hiver, visité par les vieux randonneurs sous un agréable soleil de montagne l'été. Le bus qui nous emmenait passait souvent en retard, les sièges au tissu déchiré sentaient la vieille époque et le tabac froid. On se mettait au fond, loin des dix collégiens encore enfantins avec leurs cartables et leurs petits vêtements en laine. On était les « deux grandes » du village d'Aulan, alors que nos quelques camarades vivaient dans les villages alentour. Il y avait les mecs qui arrivaient au lycée en mobylette et blouson de cuir, retrouvant leur copine du même village qu'eux. Nous on était trop loin, on était celles qui prenaient le bus des collégiens, les deux filles toujours collées ensemble et qui fumaient dans leur coin, adossées au mur près des poubelles. On ne se mélangeait pas aux autres, même si nous les avions toujours connus. À dix-sept ans, nous avons découvert Paris en même temps, où nous avons réussi à entrer dans une faculté de sciences, et notre vie a pris un virage phénoménal. D'un seul coup nous étions lâchées dans la capitale hyperactive, polluée, pleine de monde, de routes lisses, de trottoirs. Passer d'un village montagnard à la grande ville, c'était notre plus grand choc.

Dans le mois de septembre, un orage a mis fin à l'été et nous sommes entrées dans notre quatrième année d'études de biologie où nous avons rencontré Bruno et Tatiana, un homosexuel et une grande brune très souriante, pleine de bijoux et passionnée de flamenco. Bruno avait de belles mains toujours propres, lisses et soignées, sans une cuticule, des veines bleues presque violettes qui reliaient comme une architecture son poignet à sa main. J'ai toujours pensé que ses mains n'allaient pas avec son corps un peu enrobé, un corps qu'il assumait mieux que personne, se trouvant là où il devait être. Il n'était jamais de trop, il savait occuper l'espace et se faire remarquer naïvement par le petit rire qui complétait chaque sourire. Il riait constamment, faisant frétiller sa fine moustache, et quand il était pris d'un véritable fou rire il parvenait à me mettre les larmes aux yeux. Tatiana, elle étudiait la biologie pour son père. Sa famille semblait tellement particulière lorsqu'elle en parlait, le genre de famille qu'il ne fallait pas décevoir. Cette fille marchait comme un chat, d'une allure caractérielle et élégante. Son corps était roulé dans des vêtements à touches de rouge éclatant qui lui collaient à la peau. Elle voulait sa vie sans famille, elle voulait des voyages espagnols pour danser le flamenco, elle voulait beaucoup de liberté, aucune attache. Alexandra les aimait bien et j'en étais rassurée, parce qu'ils avaient eux aussi cette folie de vie qui nous portait à rire de ce qu'il ne fallait pas ou de danser sur les trottoirs parisiens sur le rythme des Rolling Stones. Avec eux non plus rien n'était grave, ils prenaient la vie avec autant de facilité que de liberté. À quatre, nous formions une bande originale pleine de folie et de vie. La plus folle d'entre nous était Alexandra, qui se faisait remarquer partout où elle allait, soit parce qu'elle riait trop fort ou parce qu'elle criait lorsqu'elle était en colère. C'est ce qui est arrivé un soir en pleine semaine alors qu'elle était seule chez elle. Un voisin est descendu frapper à sa porte pour lui rapporter que son oiseau piaillait trop fort, qu'il allait finir par appeler son propriétaire. Elle m'a raconté la scène par téléphone en pleurant sans plus pouvoir s'arrêter. Elle s'est approchée de son voisin en l'insultant de tous les noms, puis elle a craché à ses pieds. Ensuite, elle a claqué la porte et s'est effondrée en larmes. Elle m'a déclaré : « Les gens n'aiment pas les animaux ». J'ai essayé de lui faire comprendre qu'un oiseau en appartement ne lui attirait que des ennuis, et pour la calmer j'ai dû lui dire que ça n'était pas grave. Cet homme-là aussi était un con. Alexandra a fini par croire qu'ils étaient tous des cons et elle ne se gênait plus pour les insulter. Elle devenait inquiétante. Je me suis longtemps dit que la mort du chat l'avait rendue folle. Un vieux chat qu'elle avait depuis ses douze ans et qui avait tout traversé avec elle, du départ des montagnes d'Aulan à l'arrivée à Paris, un logement fermé sans extérieur et cette première frayeur lorsqu'il avait mangé une feuille de muguet. Ange portait si bien son nom qu'il en était magique. Il ronronnait fort comme un cœur qui vibre. Il a accompagné notre solitude adolescente et notre début de vie adulte, une plume de tendresse et une odeur rassurante d'amande. Alors peut-être qu'Alexandra agissait par dépit, elle prenait un oiseau qui ne lui apportait aucun réconfort pour soigner sa peine et s'endeuiller. Sauf que ça ne marchait pas.

Au mois d'octobre, Tatiana a proposé de fêter l'anniversaire d'Alexandra dans sa maison de vacances en Bretagne. Le week-end était fixé, nos amis avaient aussi convié quelques-uns de leurs amis, il ne restait plus qu'à y aller. De mon côté, j'ai passé mes soirées à peindre Ange pour Alexandra, je me suis longtemps attardée sur son regard, le plus incroyable des regards de chat, deux lunes rondes d'un bleu pur traversées de cette fente noire qui ouvrait sur cette âme paisible. Je n'ai pas pris le train en même temps qu'Alexandra parce qu'elle prenait celui du samedi matin et je ne voulais pas qu'elle voie le cadeau. Ma toile a failli être déchirée par la foule à valises et les sacs à main qui s'accrochaient partout, alors je l'ai collée à moi comme un oiseau que je ne voulais pas laisser s'envoler. Heureusement, elle était emballée et les coins étaient protégés par des tours de papier à bulles. C'était presque étrange de me dire que j'avais peint Ange et que je le tenais bien fort contre moi, je pouvais presque croire qu'il était vraiment là avec moi. Et j'y ai mis tant de cœur. Dans mes oreilles chantait Gainsbourg et du bout des lèvres je formulais ses paroles, il n'y avait aucune autre star de la musique, aucun autre poète que j'admirais plus que lui. Alors que le train démarrait, j'observais les gens autour de moi, discrètement, comme je le faisais toujours. Car il y a de si curieux visages, leur construction me fascinait. J'aimais fixer les hommes concentrés dans leur dossier qui rehaussaient constamment leurs lunettes, les doigts qui tapotaient un rythme sur une cuisse, les cheveux des femmes traversés par la lumière du soleil. Le trajet a pris fin et nous étions arrivés en gare, je me suis dépêchée de prendre ma toile et ma valise puis je me suis élancée au-dehors de l'habitacle quand une voix a résonné, criant un mot que je n'ai pas compris. La deuxième fois, j'ai compris que mon prénom était crié. Je me suis arrêtée en plein milieu du passage, une vieille femme a failli me rentrer dedans et a soufflé en frôlant ma toile. Regardant par-dessus la foule de voyageurs, je cherchais d'où la voix m'appelait. Il me semblait en avoir reconnu l'intonation, le métallique. Je transpirais légèrement sur les pommettes, je le sentais. Mon regard s'est accroché à des bras qui faisaient signe à la porte du train. Un moment d'égarement, d'absence, de blanc, puis j'ai réalisé.

« Marjorie ! »

La porte du train a failli écraser ses deux bras, je ne le voyais plus très bien à travers la vitre, mais il s'agitait, il essayait de ressortir alors qu'il ne pouvait plus. Il avait les deux mains collées à la porte vitrée quand le train a démarré, son regard m'a fait me retourner jusqu'à ce que je ne puisse plus le voir. Quelqu'un d'autre a cogné ma toile avec son épaule et j'étais prête à lui hurler dessus. Troublée, j'ai marché dans toute la gare sans parvenir à réfléchir. J'ai finalement trouvé la sortie et attendu un taxi, dans lequel ma toile avait eu du mal à rentrer. J'étais essoufflée, encore étonnée de la personne que je venais de revoir au loin, qui m'a reconnue et appelée de sa voix métallique. Le chauffeur a freiné brusquement et poussé un juron, mon stress a redoublé d'intensité. Je suis arrivée à la maison de vacances, encore en vie, avec ma toile intacte et ma valise vert pomme. Tatiana m'a accueillie et m'a fait visiter ce logement que j'associais à un grand château lumineux, avec des chambres en couleurs, des escaliers en spirale, une grande terrasse en arc de cercle entourant une piscine qui devait être glacée. Puis Bruno a déboulé de la cuisine les manches relevées et m'a assaillie de questions, il était dans une profonde angoisse : le voyage s'est bien passé ça va plutôt thon ou saumon avec les endives peu importe non c'est pas pareil saumon non thon comme ça on peut faire des tartines n'en fais pas trop non plus Marjorie olives vertes ou olives noires noires plutôt vertes c'est moins fort bon vertes alors ou sinon les deux maintenant que tu as acheté les deux voilà on met les deux pareil avec les tomates jaunes et rouges Michael viens là attends je vais aspirer le tapis il a mis de la terre partout ça va Marjorie ? J'ai hoché la tête et en reculant j'ai marché sur la queue du chien qui a jappé si fort que tout le monde s'est tu. J'ai cru que mon cœur avait brisé ma cage thoracique.

« T'inquiète pas, il est tout le temps dans nos pattes ce chien », a fait Bruno en le prenant dans ses bras.

Puis Tatiana a mis en route l'aspirateur, j'ai donc fait des tartines de thon pour la fête du lendemain, on a tout préparé en avance et dans la soirée nous avons regardé un film que j'ai trouvé beau, qui m'a fait pleurer. Quand il a pris fin, Tatiana m'a indiqué la chambre bleue où il y avait plein de tableaux accrochés aux murs, de styles différents, du surréaliste à la nature morte. Elle m'a souri et je l'ai remerciée. Elle était purement humaine, Tatiana. Elle retenait chaque détail d'une personne et quand on la remerciait, elle haussait simplement une épaule comme s'il n'y avait rien de plus normal que de faire plaisir à quelqu'un. Elle était transparente, sincère. Organiser la fête d'Alexandra la rendait tellement heureuse qu'elle avait trop prévu, elle y mettait tout ce qu'elle pouvait, tout ce qu'elle avait. Elle a refermé la porte derrière elle et j'ai plissé fort les lèvres en espérant qu'Alexandra remarquerait à quel point nous l'aimions. C'était une fille souvent douteuse, difficile à suivre, qui avait parfois du mal à croire et à espérer, elle avait besoin d'être constamment rassurée.

Le lendemain très tôt le bruit de la nature m'a tirée de mon sommeil et de ces draps clairs. Mes deux amis s'étaient eux aussi levés et le soleil automnal éclairait la grande pièce. Nous avons consacré la matinée aux préparations tandis que nos invités arrivaient en fin d'après-midi. J'aimais être avec eux deux, comme si nous nous étions toujours connus, qu'on avait goûté aux premières fêtes de lycée ensemble et qu'on avait choisi la filière scientifique juste pour être sûrs de se retrouver ensemble. Vers seize heures, Alexandra a frappé à la porte, sans son oiseau, toute intimidée de cette sorte de château décoré rien que pour sa fête. Tatiana a enfilé une longue robe rouge parfaitement ajustée à son physique de danseuse de flamenco, avec d'immenses créoles qui caressaient sa mâchoire. Bruno a lissé sa fine moustache à l'image de celle de Dali, tenant sous un bras son petit chien immobile comme un sac à main. Alexandra lui a offert quelques caresses, lui a parlé de cette voix basse qu'elle utilisait pour parler à tous les animaux. Aucune agressivité n'émanait d'elle lorsqu'elle était au contact d'un animal, c'était une métamorphose fascinante. Alors que l'on dressait les tables, elle restait près de moi comme si elle évitait la proximité avec nos deux amis. Elle me prenait à part, ce que Tatiana avait remarqué, et j'étais plus mal à l'aise que jamais, une impression de chewing-gum collé sous la semelle et de corps ligoté.

Mais j'en ai profité pour lui raconter ce qu'il s'était passé la veille à la gare :

« J'ai vu Barthélémy, il m'a appelée depuis la porte du train. »

Les pupilles cacaotées d'Alexandra étaient démesurées.

« Tu l'as rejoint ?

— Non, je n'avais pas le temps. »

De toute manière, le rejoindre aurait été au-dessus de mes forces. Qu'est-ce qu'on se serait dit ?

« Tu aurais peut-être dû, tu sais. »

Elle m'a adressé ce petit sourire qui s'accentue sur la gauche, presque attristé. Je ne sais pas si elle me comprenait vraiment à ce moment-là, elle ne semblait pas partager mon ressenti, elle était loin de toute cette histoire parce qu'elle n'était que peu concernée. Tout ce qu'elle avait fait l'année de nos dix-sept ans, c'était me tirer par le bras sans rien dire, m'éloigner de ce que je considérais comme l'un de mes piliers. Maintenant elle me disait que j'aurais dû y retourner, du verbe *devoir*, violent comme quelque chose d'irrattrapable, de raté. Soudain je me suis éloignée de la table, le souffle un peu court. Barthélémy a été une histoire inqualifiable tenant sur une seule année, des jours intenses d'amour et des jours d'intense timidité. Il était le cerveau masculin le plus complexe de tous ceux que je connaissais, un être attachant, intelligent, et con. Il était les trois. Il ne faisait attention à rien, se nourrissait exclusivement de chips sans prendre un gramme, laissait tout traîner partout, oubliait son portefeuille à la caisse d'un magasin, regardait les gens très longtemps avant de leur dire bonjour, ne jamais dire bonjour d'ailleurs, mais dire bonsoir juste pour le plaisir de troubler. Il marchait à contresens d'une foule, il adorait, apprenait à boire à l'envers, mordillait sa lèvre inférieure quand il était angoissé. Il n'y avait jamais aucune logique chez lui, ses pensées n'étaient que cafouillages. Passionné de musique, il avait appris seul à jouer de la batterie et son succès avait commencé dans les bars. Je crois qu'il était surdoué. J'allais le voir à chaque fois, nos regards se croisaient souvent, il souriait et j'avais envie de lui faire la plus belle déclaration. Notre relation était évidente, on aurait pu s'embrasser bien des fois, il y a eu suffisamment d'occasions, les journées dans Paris ou les nuits après les soirées-bar, après quelques verres, avant un lendemain, entre la lune et le soleil, dans le monde, à contresens d'une foule s'il le voulait. Mais j'ai fini par enfouir cet espoir au fond de moi et par continuer d'être ce que notre relation faisait de nous. Alexandra et lui ne s'adressaient jamais la parole, tandis que moi j'étais entre les deux. On se disait avec Barthélémy qu'on s'admirait, il n'y avait rien de plus vrai, on était plus que des amis et moins que deux amoureux, juste une difficile équation mathématique.

Les premiers invités arrivaient. Alexandra paraissait chercher une personne du regard tandis qu'on lui avait calé une coupe entre les doigts et qu'on lui souhaitait un joyeux anniversaire, très joyeux anniversaire, c'est toi Alexandra, bon anniversaire, enchanté de te rencontrer, enchantée. Elle avait mis sa robe à pois et son rouge à lèvres, ses cheveux brillaient et sa bouche ressemblait à celle d'une petite fille contrariée. Je lui ai demandé si elle allait bien, mais son visage était désespéré.

« Leonardo n'est pas venu, il m'a dit qu'il viendrait, il me l'a dit, je t'assure.

— Peut-être qu'il arrivera plus tard. »

Elle a secoué vivement la tête, faisant s'agiter son carré blond, puis elle a gratté son menton avec ses ongles.

« Non, il ne viendra pas, il serait déjà là. »

Sa voix s'est étouffée sur ces derniers mots. Tatiana est arrivée.

« Il est pas là, Leonardo ? »

Alexandra a reculé d'un pas et la sondait curieusement.

« Non. »

On s'est regardées, Tatiana a plongé dans sa coupe de champagne, j'ai regardé autour de moi, Alexandra se dandinait d'un pied sur l'autre, les bras croisés. J'étais vraiment peinée, alors j'ai laissé mon amie en robe à pois ici et je suis allée en cuisine pour aider Tatiana.

« J'ai l'impression qu'elle a du mal avec moi, Alexandra. Qu'est-ce que j'ai fait ?

— Crois-moi, tu es une fille adorable. Mais Alexandra n'est pas du tout sociable, elle est dure. En fait, c'est contre elle-même qu'elle s'énerve. Je suis désolée qu'elle se comporte comme ça, j'aimerais que ça se passe autrement… Elle est obnubilée par Leonardo. »

Elle a eu l'air désolée, sans savoir quoi répondre, mais elle savait à quel point moi, je l'appréciais. Alexandra a attendu toute la soirée que Leonardo vienne, assise sur le rebord de la piscine où quelques feuilles mortes étaient tombées à la surface. Elle le harcelait d'appels et son visage décomposé m'indiquait qu'il ne répondait pas. J'ai parlé avec le plus de monde possible tout en allant vers elle par moments. C'était encore une fois mon rôle de la consoler, lui dire que ça n'était pas grave, que lui aussi était un con. Cette fois elle n'était pas d'accord, il n'était pas un con, elle l'aimait et lui aussi il l'aimait, elle me le répétait comme une prière. J'ai abandonné. Nous lui avons tous offert nos cadeaux et lorsqu'elle a déballé le mien avec précaution, sous le regard des autres qui me mettaient une pression folle, elle s'est mise à pleurer. Elle tenait le tableau à bout de bras, elle fixait les yeux du chat tandis que les siens coulaient noirs de maquillage. Réellement touchée, elle m'a prise dans ses bras et m'a dit qu'elle m'aimait. On s'est toujours dit cela, « je t'aime ». Les rares amies à se le dire parce qu'en amitié on ne le dit jamais. C'est plus pudique que l'amour généralement, alors que tout est similaire, mais je crois qu'avec Alexandra nous avons fini par arrêter de nous aimer. Tout a changé entre nous. Elle s'est enfermée dans un monde à pensées, dans sa tête, des pensées surdimensionnées et incompréhensibles, elle était devenue violente, agressive, imprévisible. Moi j'étais là et je pensais à comment vivre, car ma vie était un cours théorique, une scène statique sur un écran de cinéma, un insecte mort séché au soleil sur une pierre, une fenêtre qui ne donnait sur rien, une cour de graviers, une petite mare où rien ne se passait, juste une grenouille qui plongeait de temps en temps, comme un suicide. J'étais dans un présent sans futur.

Alexandra s'est éloignée pour répondre à un appel qui semblait l'agacer. Ça n'a pas duré longtemps, elle m'a dit que c'était sa mère qui lui souhaitait un bon anniversaire et qui l'invitait à manger un soir dans la semaine. Elle a dit oui, mais elle n'en avait pas envie. Le soir est alors tombé et nous avons commencé à danser, Tatiana circulait de bras en bras dans sa robe rouge qui prenait du volume à ses pieds lorsqu'elle tournait. Je me suis renversé du champagne dessus et un fracas a immobilisé la terrasse. Alexandra, d'un violent revers de bras, a balayé tous les verres et bouteilles qui traînaient sur la table. Une fille a gloussé en la regardant tel un animal enragé, ce qu'elle paraissait aux yeux de tout le monde ce soir-là. Alexandra s'est éloignée et dans le noir elle n'a pas vu le rebord de la piscine, elle est tombée dedans comme une grenouille en plein suicide, comme ma vie, comme notre amitié, comme son amour avec Leonardo, comme Barthélémy, comme notre adolescence. Quelqu'un est allé la chercher et une fois de plus, il n'y a que mes bras qu'elle a su trouver pour pleurer, frigorifiée et tremblante, faible comme une buse butée par un poids lourd.

Chapitre 3

Ce dimanche-là comme un lendemain d'anniversaire, nous nous sommes levés tard et nous avons nettoyé. Tatiana a recouvert la piscine de la bâche bleue alors qu'elle était en peignoir, élégant visage débarbouillé et cheveux relevés. Notre train était prévu pour quinze heures, alors avec Alexandra nous avons mangé dans une crêperie en bord de mer. J'ai osé lui demander :

« Tu as aimé ton anniversaire cette année ?

— Vous avez eu une belle intention. Mais j'aime toujours pas les anniversaires, surtout pas les miens. »

Un jour elle arrêterait de compter ses années, elle n'aurait plus d'âge, elle disait que ça ne servait à rien d'avoir un âge parce qu'on y pense sans arrêt, et on a conscience que l'on vieillit. Les animaux ne savent pas quand ils sont jeunes ou vieux, ils vivent et ils meurent dans la simplicité, sans questions ni remords. C'était une journée d'automne ensoleillée, fraîche et un peu venteuse. J'ai resserré sur moi mon manteau lorsque la serveuse nous a apporté nos plats.

« J'ai pas envie d'aller chez ma mère, elle va encore oublier que je déteste les cœurs de palmier en salade et on ne va parler de rien. Il n'y aura que ses reproches et ses regrets. Elle va parler de mon père un temps et me dire que si j'avais pas été là, sa vie n'aurait pas été une si grande galère après… »

Elle a baissé la tête dans un souffle et picoré dans son assiette. Chaque repas chez sa mère, qui avait depuis emménagé dans un appartement miteux à Paris, semblait être une véritable guerre froide autour des cœurs de palmiers en boîte. Toujours la même disposition sur la table : le pain encore dans le papier toujours à la même place, en diagonale de la carafe d'eau en plastique, une petite fleur triste et fanée dans une eau sale entre elles et leurs visages crispés. J'avais passé deux jours chez elle une fois, pendant les vacances d'été dans notre petit village d'Aulan. Sa mère avait préparé des cœurs de palmiers en salade, trop pâles, qu'Alexandra n'a pas mangés, et moi qui les ai vomis dans les toilettes. Ils avaient le goût âpre de sa maison silencieuse, un goût de pleurs aussi, et de pauvreté. J'avais vu les petits yeux vides de sa mère, sans vie, sur le point de pourrir et de tomber comme deux œufs en meurette dans son assiette. Elle se levait de sa chaise en se raclant toujours la gorge et s'asseyait en passant derrière sa nuque une main encore jeune qui n'avait rien d'une main douce et maternelle, la main qui tresse délicatement des cheveux ou celle qui caresse une joue. Ça me rassurait quand je faisais couler l'eau de la carafe dans mon verre, juste parce que ça brisait le silence quelques secondes.

Le téléphone d'Alexandra a sonné et, regardant de qui venait l'appel, elle s'est levée puis s'est éloignée hors de la terrasse. J'ai fini mon assiette seule pendant que sa crêpe refroidissait et j'ai vidé la carafe d'eau sans m'en rendre compte, inquiète. Je la voyais au loin, devant le glas de la mer déferlante, et lorsqu'elle est revenue ses cheveux étaient perlés de gouttelettes minuscules.

« Leonardo est sur Paris cette semaine, il veut qu'on se voie. »

Elle a pris cette annonce pour une bonne nouvelle, mais je n'ai pas osé lui dire qu'il ne venait pas pour lui avouer qu'il l'aimait. Il ne l'a pas aimée, il s'est juste laissé aller comme la plupart des jeunes hommes, tandis qu'Alexandra était une fille sérieuse quand elle aimait. C'est ce que j'ai toujours cru d'elle.

« Je l'aime, tu sais.

— Je sais. »

Sa crêpe devait être vraiment froide, mais elle a eu l'air de l'apprécier, quand enfin nous sommes parties de cette Bretagne venteuse et étrange, dans laquelle rien ne me disait de revenir. J'aurais toujours en tête la crêpe qui ne fume plus et Alexandra devant la mer, les cheveux humides. La semaine qui a suivi, je me suis mise à regretter mes études. La biologie ne m'inspirait plus, je trouvais cela trop froid et extrêmement terre à terre. Je ne savais plus pourquoi je m'étais lancée dans cette voie ni comment j'ai pu tenir jusqu'ici aussi longtemps. Alexandra brillait, moi j'étais loin derrière. Pourtant j'ai continué, même à contre-courant, je me suis persuadée qu'il fallait continuer, parce que je n'avais aucune autre possibilité. J'étais comme Tatiana, je ne savais pas ce que je faisais là et malgré tout j'y étais, plantée là comme une fatalité.

Lorsque Alexandra m'a raconté la soirée passée chez sa mère, je me suis sentie mal. Elles ne voulaient plus jamais se voir, elle la couvrait d'insultes, leur dispute a été la pire de toutes celles qu'elles avaient connues, et la dernière. Alexandra était tellement à bout qu'elle a jeté son assiette par terre – j'ai imaginé les cœurs de palmier rouler sous les meubles – et sa mère lui a lancé presque en lui crachant dessus : « Tu es folle, ma pauvre fille ». Cette fois je n'ai rien dit, je ne l'ai pas apaisée en lui disant que ça n'était pas grave, je ne lui ai pas dit non plus que c'était trop, parce que c'était la vérité. C'était trop. Trop en si peu de temps. J'ai fini par ne plus avoir conscience du poids qui alourdissait mon cœur alors qu'il enflait un peu plus chaque jour. Alexandra me faisait peur, je ne la reconnaissais plus, elle me coupait désormais la voix, après m'avoir coupé plus tôt ma première relation. J'aurais pu la lâcher, et j'en ai eu envie, mais sans elle je n'étais rien moi non plus, elle m'a rendu faible comme j'ai essayé de la rendre forte. Plus elle s'élevait, plus je coulais, on n'évoluait pas en même temps ni dans la même direction. On s'écrasait sans cesse, on s'empêchait mutuellement de respirer pour avoir chacune le plus d'air possible, on se bouffait, on s'en voulait sans nous le dire, on faisait semblant pour essayer, on s'éloignait, on s'utilisait, on ne vivait plus dans le même monde, on se faisait mal.

Leonardo est arrivé à Paris chez Alexandra, où j'ai eu l'occasion de le croiser et de comprendre son regard qui voulait dire *pourquoi je me suis investi ? Quel sens a donc pris ma vie ?* Ses yeux disaient tout et pourtant rien, on comprenait sans vraiment comprendre. Il était surprenant. Je l'ai vu contempler ma toile exposée sur le mur de la pièce principale, chez Alexandra, puis sans la lâcher des yeux il a dit :

« Alors c'est de toi ? Je la trouve belle et… étonnante.

— Merci. »

Il a bu une gorgée dans son verre et a tourné la tête vers moi.

« Pourquoi tu ne t'es pas lancée dans des études d'art ? »

Prise au dépourvu, je n'avais aucune réponse à lui donner. Je me souviens avoir réfléchi, beaucoup réfléchi.

« Je n'y ai pas pensé. Et de toute façon, je ne pourrais pas en vivre.

— C'est dommage. »

Leonardo avait peu de conversation, mais celle-ci m'est restée en mémoire, jusqu'à me faire douter de tout. Alexandra est arrivée avec son petit bol d'olives, ils se sont souri bêtement, presque faussement, et Leonardo n'a fait qu'éviter son regard toute la soirée. Il n'arriverait pas à lui dire, il laisserait passer trop de temps, il la ferait espérer et céderait à toutes ses envies, il n'avait pas de caractère mais trop de froideur, ce qu'il n'avait pas laissé paraître à première vue. Je ne savais pas qui il était, Alexandra non plus, mais elle en était follement amoureuse. En rentrant chez moi, j'ai fumé une cigarette à ma fenêtre, comme je le faisais rarement et comme je le referai souvent. Elle tenait dans mes trois doigts, désespérément, prête à tomber, petit point rouge dans la nuit et nouvelle dépendance, celle que j'avais découverte au lycée et dont j'avais réussi à me détacher au commencement de mes études. Mais elle revenait plus manipulatrice que jamais, jusqu'à s'incruster sur ma peau comme sur les sièges du bus, ça puait, c'était laid entre mes lèvres, ça ne m'apportait rien, juste du poison. Et pourtant cette toxicité me soulageait. J'ai même haussé les sourcils en pensant tandis qu'elle se consumait dans une fumée gris froid qui s'échappait dans l'air parisien. Je ne croisais plus Alexandra qu'à la faculté, où nous assistions aux mêmes cours l'une à côté de l'autre. Elle était paisible, sans sourire et sans traits tirés. Ces périodes ne duraient jamais parce qu'au bout d'un certain temps, elle explosait, quelque chose en rapport à Leonardo arriverait et elle se sentirait couler. Je le savais déjà. Je redoutais ce moment un peu plus chaque jour. Il ne lui avait encore rien dit, il attendait encore, trop encore, il la faisait espérer, rêver, illusionner, tout ce qu'on pouvait lui faire de pire. Tatiana n'allait plus à elle, semblait la fuir, sans plus jamais lui adresser un mot. Je ne savais rien de cette grande brune à l'allure de chat à part que, comme moi, elle ne se sentait pas à sa place dans cette faculté de sciences. En elle aussi tout se préparait, elle l'avait dit : aucune attache, juste de la liberté. Je l'admirais pour cette philosophie, me disant que sa place dans le monde était partout sauf ici. Je pensais qu'elle était façonnée ainsi pour s'adapter constamment, toujours capable de retomber sur ses pattes avec habileté, et quoiqu'elle ferait elle y arriverait. Elle m'a invitée avec Bruno à sa représentation de flamenco au début de l'hiver et j'ai vu sur scène une femme, une vraie femme aux pas certains et assurés, dans les bras d'un partenaire qui lui ressemblait en masculin, aussi brun et élancé, et j'ai compris son rêve, j'ai deviné sa vie, son désir. Il n'y avait pas sa famille dans la salle, c'est nous qu'elle a pris dans ses bras à la fin, rien que nous, avec ses paillettes sur les tempes et sa vivace odeur d'adrénaline et de talent. Alexandra n'aurait pas compris pourquoi j'étais si émue ni pourquoi j'avais applaudi si lentement, pas en rythme, comme je le faisais toujours lorsqu'un spectacle m'avait coupé le souffle. Ce soir-là, j'ai eu envie de dire à Tatiana : « Pars, vis ton rêve ». J'aurais peut-être dû, mais j'ai tout de suite su qu'elle n'avait pas besoin d'encouragements pour partir, elle le ferait.

Ensuite j'ai vu ma mère à Beauvais. J'ai été voulue. Alexandra a été pour ses parents le fruit d'un accident, d'une petite folie. Ma mère avait vieilli, je l'ai trouvée un peu terne, mal coiffée et mal habillée. J'ai eu mal au cœur parce que je l'avais admirée plus jeune. C'est bouleversant comme ça change, une mère, avec les années. Et arrivée à un certain âge, elle arrête de courir après sa vie, elle se pose, ne pense plus pareil, parle d'une autre manière, elle a d'autres préoccupations. Lui rendre visite ne m'a pas fait de bien, ça m'a plutôt rappelée qu'on ne se ressemblait toujours pas, qu'entre elle et moi il y avait cette retenue et cette gêne inexplicables, des conversations qui ne s'aventuraient jamais loin, un échange qui s'arrêtait là, après un petit rire, puis il y avait toujours un soupir qui ramenait le silence. Une mère et une fille ne se comprennent pas toujours, elles sont même parfois un peu étrangères, sans aucune raison. Je crois que c'est ce qui nous a soudées, Alexandra et moi, car l'une était attendue et l'autre n'était pas prévue, mais finalement on avait presque les mêmes mères qui ne savaient pas s'y prendre. On n'en parlait pas au début et pourtant nous l'avons deviné. Nos mères n'avaient pas le même parcours de vie, pas le même caractère ni le même style, et elles avaient fini aussi seules. Elles auraient dû se rencontrer, elles se seraient peut-être plu, mais ça n'est jamais arrivé. En descendant les escaliers de son immeuble, j'ai croisé la femme de ménage qui m'a gentiment souri, j'ai eu mal au cœur à ce moment aussi. Et je ne sais pour quelle raison j'ai eu envie d'offrir à ma mère une tablette de chocolat lors de ma prochaine visite. J'ai dévalé le dernier étage parce que cet endroit m'attristait profondément, et dehors j'ai respiré à pleins poumons comme si j'avais retenu ma respiration pendant trop longtemps. On n'aurait jamais aucun lien fusionnel, ma mère et moi, puisqu'à mes dix-sept ans j'ai déchargé sur elle toute ma colère tant j'avais mal. Alexandra m'a atterrée et ma relation avec Barthélémy était rompue. J'ai tout gâché avec ma mère, le peu qu'on avait, j'ai utilisé le mot *détester*, j'ai craché sur elle toute une coulée de venin parce qu'il n'y avait qu'elle devant moi à ce moment. On s'est crié dessus et on a pleuré, et alors j'ai compris pour la première fois comment deux femmes pouvaient autant se faire mal rien qu'avec des mots.

Bruno nous a un jour entraînées dans sa période où la fortune et les hommes surpassaient tout. Le fric et les mecs : son cocktail de folie. J'ai découvert chez lui une nouvelle facette que je n'avais pas soupçonnée au début, ce côté instable et dépensier. Il fréquentait les casinos parisiens avec son petit chien immobile sous le bras et il se faisait avaler ses billets, ou bien il en gagnait, très souvent il gagnait. Et lorsque cela lui arrivait, il tendait le bras droit vers le ciel en signe de puissance et lâchait : « Ahaa », tel un pirate, et j'imagine aujourd'hui associer ce mouvement à la chanson de Queen, *The Show*

Must Go On. Il rentrait toujours un peu le ventre au casino, ses yeux étaient partout, se baladant sur les hommes, et dès que quelqu'un lui plaisait de loin, il faisait en sorte de se rapprocher et de jouer une partie avec lui. Alexandra n'était pas à l'aise dans ce milieu, tout comme moi, alors nous buvions au bar des cocktails que Bruno nous offrait par plaisir. Tatiana ne venait jamais. On le reconnaissait, Bruno, avec son bras levé et son corps qui se trémoussait. Tout le monde l'appréciait et le gratifiait d'un certain respect, car il était redoutable. Personne n'a jamais cru qu'il était capable de tricher, il savait les risques qu'il courait s'il le faisait. L'endroit était ultra sécurisé et des agents circulaient partout autour de nous. Les regards semblaient froids et tranchants lors des parties, chaque geste était analysé jusque dans le moindre tressaillement, la moindre main sous la table ou la moindre manche pas assez relevée. Et Bruno a rencontré Leonardo. Il a essayé d'user de son charme, mais il a très vite compris qu'il n'était attiré que par les femmes. Une relation d'amitié s'est pourtant tissée entre eux et Leonardo se laissait happer par la folie des jeux, ce qui dérangeait Alexandra. Elle le scrutait sans rien dire avec sa bouche rouge de petite fille, de son regard le plus fatal, et laissait passer le temps en enchaînant les cocktails. Ce qui m'a toujours surprise, c'est que mon amie tenait très bien l'alcool dans ces moments. Cela la rendait même songeuse et silencieuse, son esprit était là, pesant comme un cadavre, et elle se mettait à l'écart. Leonardo faisait tout pour l'éviter, aux soirées casino, il était beaucoup plus expressif aux côtés de Bruno. À minuit je me suis levée de mon tabouret.

« Je vais fumer.

— Tu t'es remise à la cigarette ?

— Ça me vide la tête. »

Un sourire étrange a soudain donné du relief à son visage.

« Pour oublier Barthélémy ? »

Je suis restée avec ma cigarette et mon briquet entre les doigts, immobile devant elle, devant son cynisme, et je n'ai pas compris pourquoi Barthélémy apparaissait comme une flèche visée en plein cœur à cet instant. Alexandra était douée pour déstabiliser et deviner les pensées des gens, et qu'elle le fasse sur moi me glaçait. Elle savait très bien que je n'avais toujours pas oublié Barthélémy. Elle s'en servait pour me piquer, encore, après ces quelques années où nous sommes parvenues à enterrer nos dix-sept ans, où je lui ai dit pour la première fois que ce n'était pas grave parce que j'avais trop peur de la perdre elle aussi. Je l'ai choisie, elle. En avalant ma salive, qui a difficilement glissé dans ma gorge sèche, je suis sortie, j'ai écarté ma frange de mes cils avec un mouvement de tête, et j'ai tiré longuement sur ma cigarette. Lorsque j'avais mal, je prenais l'habitude d'oublier dans la foulée comme si rien ne m'atteignait, j'enfouissais chaque lame tranchante ou chaque souvenir au fond du cœur. Sauf qu'avec le temps, ils s'accumulaient et il n'y avait plus de place. Une larme s'est échappée de mon œil, je me suis réfugiée dans ce goût salé et cette bouffée amère de tabac qui semblait me purifier. Toutes les douleurs remontaient comme une nausée. Elle me faisait mal, Alexandra. Depuis toujours elle m'égratignait. Ce soir-là j'ai récupéré mon sac à ses côtés tandis que son regard s'est attardé sur mes joues humides, je lui ai dit que je rentrais et elle a plissé le nez, gênée. J'ai salué Bruno et Leonardo qui gagnaient toutes leurs parties, puis j'ai quitté le casino. Alexandra m'a appelée sur mon téléphone portable alors que je marchais sur le trottoir, j'ai décroché sans en ressentir la moindre envie, et au lieu de vomir dans la Seine j'ai laissé sortir ma colère.

« Je ne peux plus te dire que ça n'est pas grave, Alexandra. Arrête de te réfugier dans mes bras, ne me dis plus rien, arrête de me parler de Barthélémy parce que tu sais très bien que tu as tout gâché, et ça te fait plaisir de me le rappeler à chaque fois qu'on est ensemble. Pourquoi tu fais tant de mal autour de toi ? Tu sais quoi, même Leonardo n'en peut plus de toi...

— Tout ce que tu veux toi, c'est te venger. Ne me parle pas de Leonardo, ça n'a rien à voir. Tu as mal, Marjorie, parce que tu absorbes la moindre douleur. Ce n'est pas moi qui la provoque, c'est toi qui te la crées. »

Elle ne raccrochait pas et moi non plus. Un long moment est passé sans que nous parlions, elle devait juste entendre mon souffle saccadé et certainement deviner mon visage rouge. On ne raccrochait pas, car sans le savoir on s'aimait toujours, elle avait mal autant que moi, je le savais. Nous nous échangions cette douleur de cœur en cœur, comme une constante vengeance qui nous tuait à petit feu. C'est moi qui ai finalement mis fin à l'appel, achevé ce lourd et silencieux calvaire. J'ai fait tout ce qu'il ne fallait pas : nous mettre à distance l'une de l'autre. Je n'ai pas réalisé à quel point c'était dangereux pour elle, qu'en me détachant d'elle j'effilais sa vie, qu'elle était capable de n'importe quoi. Et désormais Leonardo était dans mon cas. Arrivée chez moi j'ai eu envie d'amour et de sentir mon cœur vivant, palpitant, sentir le sang tambouriner mes joues et mes cellules grouiller sous la peau. Des sensations qu'une seule personne a su provoquer dans mon corps sans même me toucher, des nuits hallucinées où je tournais dans mon lit, je n'en revenais pas, j'étais hors de moi, hors du monde, hors du temps, nous étions tout seuls à deux dans la foule, on ne faisait que s'apercevoir pourtant, s'effleurer parce que nos corps nous l'imposaient. Le miroir de la salle de bain m'a renvoyé ce reflet vide et froid d'une femme qui n'avait pas d'identité, dont la mémoire se vidait peu à peu des détails de la jeunesse, qui avait laissé derrière elle une chose grandiose, une sublime alchimie, une jeune femme qui avait été belle et qui avait décidé de l'oublier. J'ai supprimé tout ce qui faisait de moi l'unique Marjorie, avec son charme et ses yeux qui s'accrochaient partout. Je ne me souvenais plus vraiment comment j'étais avant. J'ai tout perdu, même moi. Je me suis incrustée dans la peau d'Alexandra pour retrouver un corps, car le mien ne supportait plus le poids de la vie et des sentiments. J'ai pris une douche en me demandant pourquoi le corps était-il conçu ainsi, nu, long, muni de quatre membres terminés d'ongles, des yeux qui laissaient transparaître tout ce qui s'agitait à l'intérieur, et d'une bouche capable de sourire, de refléter des sentiments. Mordre ses lèvres par amour, les plisser quand on a mal, les laisser tomber quand les larmes coulent, et les étirer quand on en a envie. Un sourire attire toujours l'attention, prenant différentes formes selon les intentions, il agrafe quelqu'un au passage, il fait tourner la tête, il fait exemple et il fait miroir. Très longtemps j'ai souri de la même manière, du même côté, puis j'ai oublié comment faire. Je me suis enroulée dans mon lit la tête sous la couverture, les deux mains sur le ventre et rien ne semblait bouger à l'intérieur. Ça n'était qu'un désert noir paisible avec ses horizons d'intestins et d'organes immobiles, au loin résonnait tout de même un faible battement qui traversait les barreaux horizontaux d'une cage thoracique comprimée.

Chapitre 4

Lorsque j'ai vu Barthélémy, je n'avais plus d'âge. Je n'étais pas une adolescente encore fragile, j'étais une vraie femme sensible. Ses yeux ont métamorphosé mon corps, pour la première fois je me sentais admirée et attirante, tout en moi s'est révolutionné comme un éblouissement, je paraissais naître dans ce vaste monde, grandir d'un coup, foncer, ne pas douter, être là où je devais être sous les yeux de qui il devait s'agir. Il a suffi de sa main dans le creux de mon dos pour me donner toute la puissance que j'avais tant cherchée en moi, j'avais plus que jamais les pieds sur Terre et presque pour toujours la tête dans un plafonnier étoilé. J'ai senti ce que c'était un homme, en me plongeant dans son regard et en écoutant le son de sa voix qui n'était pas celle des grands cornichons en pleine mue. Il m'a propulsée dans la vraie vie, le vrai monde, les vrais sentiments, la vraie sensualité, la plus robuste douceur, la plus agréable douleur dans le ventre, le plus beau premier jour de ma véritable vie. Mon année de naissance a explosé, les chiffres se sont éparpillés. Il a produit ce que personne d'autre ne pouvait produire tant cette coulée de vie était abondante et enivrante. Puis tout ce qui se dégageait de lui m'emplissait terriblement, c'en était à la fois trop abstrait et trop concret. Le plus beau tableau que jamais je n'aurais pu représenter sur une toile parce qu'il était inimitable. Il était un instant de vie des plus éphémères, qui s'estompait quelques jours après, mais que l'on oubliait véritablement, absolument, jamais. Et une fois nos âges échangés, nous n'avions pu nous aimer. Nous vivions dans le même monde, mais dans ce monde nous n'avions pas la même vie. On a décidé d'arrêter de s'aimer à partir de ce moment, alors que ce que nous avions ressenti n'était rien de moins que de l'amour. On a emprisonné cette attirance, on l'a bouleversée, rejetée si violemment, mais elle revenait sans cesse à la charge. On se battait pour ne pas s'aimer, car on savait que cet amour ne mènerait à rien. Ç'aurait été horrible de commencer quelque chose, tout en sachant qu'elle se finirait en douleur, et pourtant on a quand même eu mal. Une douleur inévitable. J'avais tout juste dix-sept ans, il en avait vingt-six. Pas grand-chose, seulement neuf ans, mais une histoire de majorité, une impossibilité, un empêchement, une règle, une gêne, un tabou, une impossibilité. Une évidence, mais une souffrance. On avait peur de cette différence.

À l'heure où j'avais vingt-deux ans, j'étais la pire de toutes mes versions : éloignée de lui, d'Alexandra, de ma mère, sans plus aucune créativité, des envies déprimantes de cigarettes à la fenêtre et des chansons tristes de Gainsbourg, un visage que je n'aimais plus voir dans la glace, étranger et déserté de toute beauté, sensible et insensible face à mon monde déchiré. Je me suis traînée dans un supermarché, dans les rayons glacials de fromages où je n'ai fait que passer, j'ai doublé un couple de petits vieux s'apercevant en plein milieu du chemin qu'ils avaient oublié les pommes de terre, j'ai longtemps hésité au rayon thé et café, et je suis passée en caisse avec mon panier pratiquement vide. Dans la file d'à côté, un homme dont le charme m'a frappée, un visage extrêmement rare, plein de traits inattendus, le calme de la trentaine, les gestes délicats. Il a tourné la tête pour survoler du regard le paysage de gauche quand ses yeux sont tombés sur moi, impassibles et incroyables. Aucun rictus ni tressaillement, le calme plat et absolu. Puis la caissière lui a dit bonjour en souriant, il a hoché la tête et je n'existais plus. Les hommes ne tressaillaient plus en me regardant, et je ne palpais plus rien de leur regard. Barthélémy a frémi du sourcil, le mouvement le plus discret jamais aperçu, et j'ai compris qu'il a tremblé à cause de moi. Un homme qui tressaille devant une femme est sans doute le plus beau tremblement de terre intérieur, parce qu'il se produit rarement et qu'il est très éphémère. Il faut le saisir des yeux au bon moment. Avant j'y arrivais, je provoquais chez eux ce tremblement rien qu'en fixant des yeux sous ma frange et en haussant le coin de la lèvre. J'adorais jouer de ce charme.

À la fac je ne m'asseyais plus aux côtés d'Alexandra, là où j'avais pris l'habitude de me placer avant. Mon regard tombait désormais sur elle dans une longue diagonale. En vérité je la regardais tout le temps, je ne retenais aucune notion des cours et ma dernière année était en chute libre, autrement dit, elle était l'année de trop et je n'envisageais aucune suite. Un jour Alexandra s'est retournée lentement comme si elle me cherchait, et nos regards ont été forcés de se croiser le temps de quelques secondes. Elle a fini par venir à moi tandis qu'elle avait l'air profondément abattue. Nous étions en haut d'un escalier, au milieu du passage où tous les étudiants affluaient, quelques coups d'épaules nous ont bourrues et différentes voix nous ont entourées. On se regardait comme si nous attendions mutuellement que nos lèvres parlent, qu'elles sortent enfin les sentiments qui noyaient nos cœurs.

« J'ai d'abord perdu mon père, a-t-elle dit trop bas pour que je ne perçoive tous les mots par-dessus le bruit du monde. Ensuite j'ai perdu Ange, ma mère, Leonardo. Et j'ai perdu une moitié de moi que personne n'a jamais remplacée. Toi tu es la seule qui m'empêche de devenir folle. »

Un rire inattendu est sorti de son corps en même temps qu'une larme solitaire a coulé du bord de son œil. Mon visage était neutre, pourtant elle donnait envie de l'aimer, j'étais incapable de la juger ni de la détester. Leonardo l'a quittée pour retrouver sa vie d'avant et sa cuisine, son Italie et son sud de France, seul avec un amer souvenir de fille folle dans le crâne qui ne ressemblait à aucune autre. Elle l'avait condamné à se souvenir éternellement d'elle. Alexandra lui a balancé tout ce qui se trouvait sous sa main, elle lui a hurlé dessus et s'est excusée tant de fois, entrant dans la démesure, plus un seul zeste de contrôle, car autour d'elle, son monde s'écroulait. Il fallait vite qu'elle me rattrape sinon elle n'aurait plus la force de supporter la vie, elle n'aurait rien ni personne pour rire, parce qu'elle adorait rire, et aucun cœur auquel se raccrocher, aucun corps auquel s'attacher. Ainsi nous avons fini par retrouver le sang chaud de notre amitié, le miel de notre complicité, on se disait : « Heureuse de te voir, mon cœur de palmier ». Ce jour-là, je n'ai pu tirer un sens de son rire étrange. C'est en effet peut-être à ce moment qu'elle s'est mise à rire de tout et rien, devant tout le monde. Je la rendais heureuse et en retour elle me faisait sourire, elle avait pris de l'assurance, trop d'un seul coup. Lorsque quelqu'un l'énervait, elle passait par l'insulte, la violence et le rire. Pourtant j'aimais profondément sa folie. Notre dernière année en licence de biologie venait de s'achever quand enfin j'avais l'impression de respirer à pleins poumons. J'ai réussi de justesse mes derniers examens et désormais je pouvais devenir scientifique, ce que je ne comptais surtout pas faire. Ce que je voulais, moi, c'était me trouver, devenir ma personne, repartir à zéro, laisser derrière moi les conflits de mon début de vie et naître à nouveau comme après l'Antiquité. En pensant à Barthélémy, j'ai dégluti et fermé les yeux : je devais me laisser entraîner dans l'avenir et l'oublier définitivement. Suite à cette décision, j'ai eu la nausée pendant quelques jours, il m'a suffi de quelques verres au casino avec Bruno et Alexandra pour vomir sur le trottoir et rire avec elle comme une folle.

« Ma pauvre, l'alcool ne te réussira jamais », m'a-t-elle dit tandis que ma gorge était acide.

Toute soirée alcoolisée était une soirée d'étrangeté. Je me souviens de notre Bruno embrassant deux hommes à la fois, de son bras qui se levait constamment en signe de victoire et de tout l'argent qu'il récoltait au fil des nuits au casino. Avec sa fortune il s'est acheté une Alfa Romeo rouge et une collection de chemises luxueuses. Son ventre enveloppé lui allait mieux que jamais, ses joues étaient encore plus généreuses qu'avant et son allure plus chamboulante qu'un mannequin en talons aiguilles. Il charmait les hommes, je ne sais pas comment il faisait. Par moment il s'amenait vers nous avec son grand sourire et sa moustache collée par le gel, il levait son verre et nous parlait comme s'il nous voyait pour la première fois, la main sur sa joue : « Olala mes jolies chéries, j'ai encore gagné le jackpot ! » Avec Alexandra on commençait à apprécier l'endroit, à tel point qu'on restait des heures à refaire le monde, on discutait avec le serveur, Charles, un garçon de la plus fine élégance dont on ne pouvait tomber amoureuse quand on était une femme, car il était détaché, il faisait chavirer le cœur des deux sexes. C'est un peu là toute l'ambiguïté de l'amour. Et il est désirable, éternellement désirable. Charles surpassait tant de choses, car tout de son être était parfait, pas un centimètre carré de peau sèche, pas un défaut, pas une petite cicatrice au visage, son corps était toujours droit, élancé comme celui d'un animal. Il était pourtant hypersensible dans le velouté et l'épaisseur de son aura. Il ne paraîtrait jamais assez vieux pour qu'on dise de lui qu'il était un homme, il n'avait pas d'âge lui non plus, lisse comme la jeunesse et attirant comme la maturité. Ses yeux bleu intense s'illuminaient face aux lumières du bar et sa longue nuque était léchée par le regard des femmes : une beauté pure. Il y avait même sur ses pommettes un air hautain lorsqu'il souriait, ce n'était pas détestable, mais adorable. Je le voyais à chaque fois qu'on allait au casino et il semblait ravi de nous parler. Avec lui je parlais beaucoup, contrairement à mon habitude, tandis qu'Alexandra parlait moins. Elle sirotait et elle riait lorsque nos conversations étaient drôles. Parler avec lui me métamorphosait, je retrouvais une sensation de jeunesse, une excitation, une bouffée de chaleur, une connexion entre nos deux regards. J'étais focalisée sur lui, car il me fascinait comme un spécimen rare, je ne pouvais plus m'arrêter de le regarder. Dès qu'il sentait mes yeux posés sur lui, il levait les siens discrètement et souriait. Nous sommes sorties dans la nuit du casino avec Bruno quand le bar d'en face passait une chanson de Madonna. Alexandra s'est mise à danser en plein milieu de la rue, a enlevé ses chaussures qu'elle a jetées quelque part, et elle a secoué ses cheveux en tous sens. Deux hommes étaient dehors en train de fumer, la regardant faire, amusés et charmés. Elle est allée vers eux en riant et les a embrassés tous les deux avec sa bouche rouge. Elle a réussi à leur faire hausser les sourcils et à les faire rougir. Bruno nous a prises par la taille quand elle est revenue et a dit : « C'est ça la vie, mes jolies chéries. » J'y ai cru ce soir-là, mais en réfléchissant je me suis dit qu'alors c'était une vie qui ne durait pas. Le vendredi suivant nous avons appris que le casino avait brûlé avec son propriétaire, les pompiers ont estimé que ça n'était pas un accident et connaissant le propriétaire, il s'agissait d'un suicide. Il avait ouvert beaucoup de casinos et s'était endetté avec des appartements luxueux et des villas dans le sud, puis ça n'allait plus avec sa femme. Il a donc fini par se donner la mort dans l'un de ses casinos parisiens. Il n'a pas supporté sa richesse, il a tout dépensé. Bruno était désespéré, méconnaissable depuis que l'on n'y allait plus. Alors il a eu recours à d'autres jeux d'argent, jusqu'à dépenser des centaines d'euros chaque semaine juste pour des grilles de numéros. Il ne voyait que par cela, c'était devenu toute sa vie. Il s'est mis en tête d'ouvrir à son tour un casino, mais en attendant il travaillait le jour dans une pharmacie et la nuit dans une boîte pour homosexuels. On ne le voyait plus, sa vie semblait être d'une effervescence épuisante à côté de la nôtre. Alexandra a trouvé du travail dans un laboratoire qui fabriquait des traitements animaliers pour les cliniques vétérinaires. Étrangement ça la rendait calme, son rythme de vie était apaisé, mais extrêmement morne. Elle me disait qu'il lui arrivait souvent de pleurer les soirs, collée à la cage de sa perruche, qu'elle s'endormait tout habillée et encore maquillée.

Dans un magasin j'ai acheté une tablette de chocolat aux notes d'orange, juste ça, et j'ai attendu très longtemps à la caisse parce que devant moi un vieillard était d'une lenteur exaspérante. Je l'ai regardé mettre ses courses sur le tapis, puis compter chaque petite pièce, ranger ses courses, prendre le ticket, se moucher.

« Faites appel à quelqu'un pour faire vos courses à votre place la prochaine fois », me suis-je entendu dire trop méchamment.

Ce jour-là, j'étais énervée, je ne supportais pas les seniors, comme les enfants en bas âge. Il m'a regardée bien trop longtemps la bouche entrouverte et tremblante, les sourcils froncés et il a soufflé : « Caractère de merde. » Il est parti comme un chat qui abandonne le combat et j'ai payé mon chocolat. Ce que je n'ai pas nié, c'est qu'il a eu raison, j'avais un caractère de merde. J'en voulais à la Terre entière de ne plus voir Charles, ni Bruno et Tatiana, j'en voulais au monde de m'être trompée de voie, j'en voulais à tous d'être seule. Je n'ai pas parlé de tout cela à ma mère. Elle était contente du chocolat, ça faisait longtemps qu'elle ne s'en achetait plus. La voir heureuse m'a suffi. Je ne lui disais jamais rien, à ma mère, je lui laissais la liberté de se faire une image de moi, elle ne me posait plus de questions, elle a compris comment je fonctionnais. J'étais une fille difficile, à prendre constamment avec des pincettes, qui se vexait de tout, qui pleurait pour rien, qui voulait tout faire elle-même et qui n'acceptait pas de recevoir de l'aide. J'étais juste en train de disparaître. Ma mère m'a surprise lorsqu'elle m'a parlé d'Alexandra.

« Ça fait tant d'années que je ne l'ai pas vue, cette fille... Qu'est-ce qu'elle devient ?

— Elle travaille dans un laboratoire, et elle a une perruche.

— Une perruche dans son appartement à Paris ?

— Oui.

— Ça crie les perruches...

— Oui, ça crie les perruches.

— Et sa mère ?

— Elle est toujours aussi seule. »

Ma réponse a semblé lui faire l'effet d'un petit spasme, comme si elle s'était reconnue.

« Je suis sûre que tu l'apprécierais...

— Qui donc ?

— Sa mère. »

Ma mère a haussé les épaules.

« Je crois qu'on serait très différentes.

— Et alors ? C'est enrichissant d'avoir des différences.

— Regarde-nous, Marjorie. On est tellement différentes toi et moi qu'on n'a jamais été proches. »

Aurait-ce été différent si nous avions été pareilles ? Les mères sont les seules à toujours admettre la vérité, il leur suffit de quelques mots, rien de plus, c'est toujours doux, ça n'a rien d'hystérique, c'est juste une vérité, un fait, elles nous disent que c'est juste la vie. Bruno avait tort en nous faisant croire que la vie était un mélange parfait d'argent et d'amour, parce que la vie n'est pas l'argent, pas l'amour non plus, parfois c'est le désamour, le manque d'amour, le manque d'argent, c'est cru, un peu sombre. Quelquefois le bonheur nous tape dessus comme un coup de soleil, mais c'est seulement un morceau de vie. L'argent et les mecs, c'est pour ceux qui n'ont rien compris à la vraie vie, ceux qui n'ont rien vécu, qui se paient du luxe, rien que du luxe, qui boivent les soirs de semaine et les week-ends dans de gros verres, qui caressent chaque jour des doigts le papier des billets, qui embrassent sans se rappeler, qui appellent tout le monde *mes jolies chéries* et qui ne portent véritablement personne dans leur cœur. Ces gens-là ne sont pas pleins de vie, ils sont creux. Ma mère ne croyait pas aux différences, et moi j'y croyais sans savoir pourquoi. J'ai toujours trouvé qu'on admirait quelqu'un pour ce qu'il a de différent, il devient intéressant pour ce que nous n'avons pas, la texture de ses cheveux, sa façon de parler, sa taille, ses fossettes, ses taches de rousseur, ses dons, ses talents. Quelqu'un de différent m'attirait automatiquement, comme Barthélémy. Pourtant ma mère avait raison, on n'avait jamais rien partagé à part notre sang. Elle m'a dit avec toute sa simplicité que ça n'était pas grave, on n'est pas obligé d'être proche de sa mère quand on est une fille. Certaines n'y arrivent jamais. Ce jour-là ses mots m'ont fait mal. J'aurais aimé qu'elle ait tort, qu'elle me dise que ça pouvait changer parce que oui, ça pouvait changer. Mais dans sa tête ça semblait trop tard, elle vieillissait, j'avais pris mon envol. Et paradoxalement je n'étais toujours pas adulte. J'avais vingt-deux ans et je ne savais pas qui j'étais, je n'étais pas prête à devenir une femme qui menait sa vie comme les autres. Je pensais voir loin alors que ma vue était brouillée, je devenais myope dès que je regardais aux alentours. De près, par contre, je ne voyais que la vérité, c'était un gros plan écœurant comme un mal de mer, je m'appelais Marjorie et j'avais un âge qui m'allait mal. Je n'avais même plus de visage, plus de marque de distinction, plus de regard braisé et pétillant, plus d'amour à recevoir puisque je n'étais pas en mesure d'en donner. J'étais une espèce avec une peau pâle et du sang chaud-glacé qui coulait lentement juste en dessous.

Je me souviens avoir regardé ma mère assez longtemps, sans plus dire un mot, mon visage devait être sans âme, ma frange collée à mon front suant, mes mains moites. J'ai trouvé qu'il faisait terriblement chaud malgré la fenêtre ouverte. Ma mère portait sur ses épaules un vêtement fin, tombant très justement sur sa petite poitrine claire, son corps était tempéré. Elle disait que j'avais le sang chaud et la peau toujours brûlante. Peut-être comme mon père, je songeais. Dans ma tête je n'étais pas proche de ma mère parce que je ressemblais très certainement à mon père, cet homme, un être vivant dont on a oublié de me dire le nom, un humain qui partageait mon sang, dont j'avais la peau et la fièvre. Je n'ai pas fini le fond de mon thé qui faisait augmenter ma chaleur corporelle, je l'ai abandonné sur un coin de la table dans un bruit un peu trop fort et me suis empressée de me lever, les larmes aux yeux. Ma mère était étonnée que je parte déjà, mais comme d'habitude, elle hochait la tête en plissant longuement les lèvres. Elles disparaissaient et réapparaissaient dans un mouvement de vague étrange. J'ai voulu lui dire, à ma mère, qu'elle était belle, qu'elle était parfaite, que j'aurais voulu lui ressembler, que je détestais absolument tout chez moi. Mais rien n'a franchi mes lèvres, mes mots semblaient accumulés à l'intérieur telle une nausée soudaine, parce que je me donnais moi-même envie de vomir. Elle m'a adressé un regard extraordinairement doux qui voulait dire *je t'aime*. Alors entre nous c'était comme cela, on était muettes, on se laissait dans notre nausée, dans notre vase sombre et opaque, on se disait tout par le rien. Ma mère était mon plus beau contraire.

Lorsque j'étais avec Alexandra, je devenais aussi folle qu'elle. À tel point que cet été-là, elle a acheté une voiture décapotable et m'a emmenée hors de Paris, sur les routes qui menaient au sud. Elle roulait vite et j'adorais la sensation de peur qu'elle provoquait, les virages me soulevaient l'estomac et chaque voiture croisée donnait les prémices d'un accident mortel. Le vent insolent emmêlait nos cheveux, le soleil nous cuisait sur les sièges en cuir et nous insolait, l'été était chaud et orageux, la vie parisienne oubliée. Bruno a promis à Alexandra de nourrir et de rendre visite à sa perruche tous les jours, et mon appartement quant à lui mal rangé, le lit défait, resterait fermé un temps dont j'ignorais la durée. Nous avons réservé un endroit à la hauteur de nos petits moyens, une maison pas très loin de la mer, vers le port. On adorait le sud avec Alexandra, les olives baignant dans l'huile, l'accent des gens, les tongs qui claquaient du trottoir à la plage, les coups de soleil après des déjeuners en terrasse. Nous avons mangé des huîtres lors d'un concert acoustique, fascinées par l'homme aux cheveux bruns et longs qui grattait les cordes de sa guitare et chantait comme un Américain. Un serveur nous a servi une nouvelle tournée. Je l'ai vu arriver assez vite avec son plateau, slalomer entre les tables, piler devant un enfant qui ramassait tout à coup une petite voiture, repartir, dire à ceux qui l'interpellaient : « Je suis à vous tout de suite ». Mais là il a mal estimé la distance entre son plateau et Alexandra dignement assise dans sa chaise, une divine Alexandra rosée à l'odeur de noix de coco qui contemplait les chaudes couleurs du ciel. Les gestes du serveur se sont enchaînés trop vite, la main qui prenait le verre alors que les pieds s'arrêtaient et que le poids l'a déséquilibré, qu'un enfant a hurlé, ce qui a dû le perturber, et alors le plateau s'est renversé. Une chute grotesque et bruyante, aussi glacée qu'alcoolisée sur les cuisses nues d'Alexandra, qui a formé avec ses lèvres rouges le plus grand O majuscule et ovale qui puisse être dessiné par une bouche humaine.

« Mille excuses ! Je… je vais arranger ça, attendez, je… je ramasse, je vais chercher de quoi vous essuyer, encore désolé », a paniqué le serveur en rougissant violemment.

Je l'ai aidé à ramasser pendant qu'elle s'essuyait les jambes et tentait de sécher sa chemise en lin avec une serviette en papier. Mais elle a crié très fort comme si une horreur venait de passer sous ses yeux. Le serveur ne savait plus quoi faire, il était comme un enfant qui se faisait gronder, à genoux par terre avec ses torchons, regardant cette jeune femme qui l'insultait de tous les noms. Le guitariste a arrêté de chanter et exécutait quelques arpèges pour ramener l'attention du public sur autre chose. Les lèvres d'Alexandra se sont mises à trembler, elle s'est agenouillée près du serveur alors que je faisais tout mon possible pour la calmer. Elle a posé une main sur la joue de l'homme, a lâché un rire éphémère et a dit :

« Vous me faites tellement de peine… Vous allez vous faire bouffer par les femmes si vous essuyez tout derrière elles, vous savez. Pourquoi m'avez-vous laissée vous insulter ?

— C'est moi qui ai fait tomber ce plateau, ramasser des bouts de verre fait partie de mon métier…

— C'est bien inhumain.

— Je dois satisfaire la clientèle.

— Et pour cela vous vous laissez bouffer ? Je suis horrible, n'est-ce pas ? Vous pensez que je suis folle.

— Je ne me permettrais pas, je ne vous connais pas.

— Moi non plus je ne me connais pas. »

Alexandra s'est retournée vers moi, comme si elle attendait que je lui dise que ça n'était pas grave. Elle m'a adressé un signe du menton avec un sourire et j'ai perçu qu'elle voulait me dire : « Tout va bien, on a qu'à oublier tout ça. » Elle a déboutonné sa chemise et l'a retirée avant de la jeter sur le dossier de sa chaise. Elle est passée en haut de maillot de bain devant le guitariste en lui adressant un clin d'œil, et moi je ne savais plus pourquoi j'étais ici avec elle, car ensemble nous étions en danger.

Chapitre 5

La pire semaine de la vie d'Alexandra a été celle des vacances dans le sud, alors qu'elle avait une intoxication alimentaire à cause des huîtres. Elle avait l'air d'un cadavre, pâle et maigre, les cheveux sales, une odeur de maladie et le corps qui se traînait par terre pour atteindre les toilettes. Je restais avec elle et tentais de la nourrir alors qu'elle vomissait tout ce qu'elle ingurgitait. Je ne l'avais jamais vue dans cet état, dans ce corps si monstrueux. La fièvre devait la mener au délire, car elle passait son temps à me ressortir de vieux souvenirs et me parler de Leonardo, ce qui la laminait encore plus. Elle pleurait et vomissait chaque jour. Une nuit, elle a regardé à la télé un reportage sur l'Afrique en pleurant tout du long sans bruit. Elle restait immobile dans sa position recroquevillée et ne clignait presque pas des paupières.

« Dès qu'on rentre sur Paris, je pars », a-t-elle murmuré faiblement.

J'ai fixé les rhinocéros à l'écran et avalé ma salive plusieurs fois. Son père était mort en Afrique suite à une fulgurante fièvre jaune. Alexandra venait de se mettre en tête qu'elle devait protéger les rhinocéros et créer des vaccins contre les maladies, puis elle s'est endormie. Le lendemain elle m'a raconté avoir rêvé de rhinocéros de toutes les couleurs, qui couraient après des crocodiles en pelage de panthère. Après cela elle a voulu vomir, mais à part ses organes, son corps n'avait plus rien à évacuer. Elle a allumé la radio de la salle de bain et s'est allongée sur le carrelage, près de la fenêtre ouverte qui laissait entrer le soleil brûlant en plein sur son visage. Gainsbourg chantait *Sorry Angel*. Elle a dit qu'elle était amoureuse de lui parce qu'il rendait hommage à Ange, qu'il était l'homme le plus beau et le plus laid du monde, qu'un jour elle appellerait son enfant Serge, que ce soit une fille ou un garçon. Alexandra ne supportait pas les enfants, comme moi. Mais dans sa tête tout changeait, absolument tout se renversait, elle remettait tout en question. Lorsqu'elle n'était plus malade, nous sommes rentrées sur Paris, chez elle, dans son studio qui n'avait pas bougé. Il y régnait une odeur nauséabonde et des plumes tapissaient le fond de la cage de son oiseau. Alexandra s'est précipitée vers Clyde, tout déplumé, maigre, triste, la peau sèche en pelade comme celle d'un fruit pourri. Il n'y avait ni eau ni nourriture. J'ai appelé Bruno en panique :

« Tu n'es pas venu nourrir Clyde, il est à sec, déplumé, déprimé. Qu'est-ce que tu as foutu, merde ? Tu n'imagines pas dans quel état est Alexandra.

— Si. Si si si. Je suis passé en début de semaine, les trois premiers jours. Après… j'ai oublié. Je… »

Il cherchait ses mots, il n'était pas comme d'habitude, sa voix était si pâteuse que je l'entendais très mal, mais il me racontait qu'il était invité en soirées toute la semaine. Il a bu.

« Tu n'as pas fait que boire.

— Non. Je… Marjorie chérie, j'ai dépensé tout mon argent. J'ai fait une connerie. »

J'entendais à sa respiration qu'il avait collé le téléphone à sa bouche, j'avais l'impression d'être trimbalée dans son corps, comme une boule de flipper, poussée par les battements de cœur et slalomant entre les intestins. Je les ai tous détestés, Alexandra et Bruno, moi qui étais là entre eux deux, toujours entre deux, j'ai vécu tout mon début de vie constamment tiraillée de deux côtés opposés.

Une semaine plus tard, le loto à la télé annonçait que les millions revenaient à une personne de la région parisienne. Bruno m'a appelée et ne m'a pas dit *Allô* ni *Marjorie chérie*. Encore là, il respirait très fort, j'aurais pu entendre son cœur tambouriner. La voix tremblante, il m'a annoncé qu'il était le millionnaire, le parisien millionnaire. Il était riche. Il était le plus heureux du monde. « La vie dont j'ai toujours rêvé », a-t-il reconnu. Bruno était l'homme le plus chanceux que je connaissais, et je l'adorais finalement, je réalisais que j'avais très peur de le perdre.

« Prends soin de toi, Marjorie chérie.

— Toi aussi, mon amour. »

Bruno était mon amour d'homosexuel. C'était inexplicable de ressentir un tel attachement. Je me disais que peut-être, sa moustache en était pour quelque chose, car elle ressemblait à celle de Dali, mais plus profondément, il était comme Alexandra : une fois qu'on y était accroché, on ne pouvait plus s'en défaire. Ces gens-là attiraient les personnes comme moi, celles qui se laissaient finalement manipuler sans s'en rendre compte. Moi je vivais à travers eux, ma vie passait à travers la leur, ils étaient mon point de fuite sur le tableau de mon existence. Ça, je l'ai compris après. Bruno et Alexandra étaient pareils, ils avaient le même talent, le même charme, le même esprit et le même venin. Ils faisaient partie de la même espèce. Je n'ai pas eu contact avec Bruno un certain temps parce que sa vie ne pouvait plus correspondre à la mienne, il nageait comme un fou dans une piscine d'or. J'étais sûre qu'il avait pris du poids et que ses draps étaient en soie. Alexandra ne voulait plus entendre parler de lui à cause de Clyde. On avait perdu Bruno et Tatiana, nos amis d'études, et on se retrouvait à nouveau seules. La solitude avec Alexandra ne m'a jamais dérangée, et elle était la seule pour qui j'étais prête à tout, à vendre ma vie s'il le fallait, m'alcooliser pour finir malade, manger des huîtres et souffrir d'une intoxication alimentaire, m'étaler au milieu d'une route, m'arracher les ongles, couper ma frange, me gaver de cœurs de palmier. Je voulais être sa vie, à Alexandra. Je n'ai jamais compris pourquoi elle m'avait rendue accro, comme pour une histoire d'amour. Entre nous c'était une histoire d'amour, à tel point que l'on s'est embrassées une fois, une unique fois. C'est arrivé, c'est parti de rien, c'était dans le monde, dans un bar, dans le bruit, dans la vie, dans le corps, sous la peau, dans le sang. Son regard était incroyable à ce moment-là, elle est venue à moi et a posé ses lèvres sur les miennes dans une délicatesse absolue que les hommes sont peut-être incapables d'imiter. C'en était tout, il y avait juste nos lèvres de jeunes femmes à peine majeures, quand elles se cherchent, que les hommes les dégoûtent déjà. Automatiquement, cet instant se superpose aux soirées avec Barthélémy quand il jouait de la batterie, ces soirées où l'amour nous a frôlés et qu'il a fini par s'envoler. Barthélémy, c'était un songe. C'est le souvenir d'Alexandra et moi, c'est ce qui ne s'est jamais passé, c'est cette absence d'âge et ce cœur laminé.

Alexandra a décidé de partir en Afrique pour les rhinocéros, véritablement. Elle me l'a dit à moi de cette façon détachée comme s'il s'agissait de quelque chose de normal, presque banal. On l'avait mise en contact avec un vétérinaire là-bas, qui se chargeait de lui trouver un hébergement et de l'accompagner dans sa démarche de sauvetage. Alexandra n'a jamais voulu sauver le monde parce qu'elle disait que ce serait impossible, l'homme ne pouvait être sauvé, il gâcherait toujours tout. Mais le monde animalier, elle était persuadée qu'elle pouvait le protéger. J'admirais sa philosophie et ses choix, elle était si sûre d'elle, si révoltée, si extrême quelquefois. Alexandra était ma révolte du monde, et à partir de ce moment j'étais devenue un être, j'avais grandi avec elle, en même temps, dans la même bulle. Alors pendant deux mois, elle a préparé ses affaires pour un voyage d'une demi-année. Je n'ai rien vu passer, j'ai l'impression d'avoir raté un épisode, car tout s'est fait si vite et je l'ai perdue si hâtivement. J'ai trébuché et me suis cassé la figure, une nouvelle fois. J'étais face contre terre et le monde me piétinait. Il n'y avait plus que son voyage qui comptait, à tel point qu'elle n'écoutait plus personne. Ses valises à préparer, toujours ses valises, son frigo à vider, l'eau à couper, l'appartement à fermer, les escaliers à descendre, les bisous à envoyer ou à laisser fades sur les joues, notamment les miennes. La bise la plus froide qu'elle m'ait faite, à moi. À l'aéroport, il y avait pourtant sa mère et moi, nous deux rien que pour elle. Alexandra m'a laissé un papier avec toutes les indications sur Clyde puis elle m'a pris les deux mains, les a serrées très fort, et m'a suppliée :

« Promets-moi que tu donnerais ta vie pour Clyde s'il lui arrivait quelque chose. »

Bien sûr, je lui ai promis parce qu'avec Alexandra j'acceptais tout, rien n'était grave et le plus important était l'oiseau. Alors dès ce moment, j'étais devenue le garde-du-corps de Clyde. Je crois que mon amie était triste et qu'elle avait peur. Je l'ai vue se diriger vers la file avec ses valises et son gros sac sur le dos, ses cheveux blonds ramassés juste au-dessus de sa nuque en un chignon qui menaçait de se défaire. J'étais fière d'elle comme l'était peut-être sa mère immobile à côté de moi. J'ai oublié qu'elle était là, je n'avais d'yeux et d'intérêt que pour Alexandra qui partait dans une autre vie, qui me laissait à la fois en compagnie de sa mère seule, de ma vie et de notre adolescence figée.

J'étais sans elle et ma vie avait perdu un sens, elle m'a laissée seule ici, dans ce Paris qui me dégoûtait presque, seule avec Gainsbourg en fond sonore, notre homme de la vie à toutes les deux. Elle m'a laissée seule avec Clyde aussi, l'oiseau le plus dépressif au monde avec son cou pelé et ses yeux vides comme deux petits sacs poubelle noirs. Lorsque mon téléphone sonnait, je décrochais le plus rapidement possible avec un immense sourire, espérant que ce soit toujours Alexandra. Elle m'appelait chaque jour de sa petite voix fatiguée. Elle me racontait qu'elle n'arrêtait pas de vomir et qu'elle ne dormait rien, que la nourriture la dégoûtait, que Clyde lui manquait autant que moi. Mais elle tenait bon, car elle avait son objectif en tête, et elle irait jusqu'à se saigner pour l'atteindre. De mon côté, je me gavais la cervelle de documentaires sur l'Afrique pour combler mon besoin d'être proche d'elle, j'espérais même l'apercevoir à l'écran, et lorsqu'ils prenaient fin je pleurais comme pour un film dramatique. Son absence m'était insupportable, je ne parvenais pas à me détacher, à vivre loin d'elle. Le premier mois je n'ai fait que peindre, en plus de travailler dans un cinéma, à quelques stations de métro de mon appartement. On cherchait à recruter une personne prête à occuper plusieurs postes, à la fois à l'accueil pour les tickets, le ménage, et parfois aussi la partie cachée dans laquelle on faisait tourner les films. Dans ce cinéma j'étais comme dans un autre monde, un monde à l'ambiance feutrée et silencieuse, où le sol étouffait le pas régulier des gens qui traversaient les couloirs et les allées jusqu'aux salles, où constamment l'odeur caramélisée des pop-corn flottait dans l'air. Les gens venaient avec leur visage neutre et ressortaient avec une tout autre face dont les traits dessinaient toujours une émotion. Les affiches immortalisaient les postures des acteurs et proclamaient les titres en gros, pour qu'on ne voie qu'eux en entrant. Des fauteuils en cuir étaient installés près de la porte, très profonds, à l'intérieur desquels les gens s'enfonçaient et attendaient soit l'heure, soit quelqu'un. À ce que j'ai pu remarquer, ils attendaient souvent quelqu'un. Ils avaient tous leur façon d'attendre, dans ces fauteuils. Il y avait ceux qui admiraient leurs chaussures ou leurs doigts, ceux agités de tics comme le rehaussement de lunettes ou la main portée au brushing, ceux dont les mollets extrêmement nerveux se secouaient, et ceux assez calmes, juste là à attendre sans rien faire. On pouvait tomber amoureux au cinéma en regardant un film et non les yeux de l'autre. Rien qu'en étant assis à côté, avoir près de soi la main du partenaire qui le plus souvent osait s'aventurer sur celle de l'autre, posée dans le noir sur l'accoudoir du siège. Ce serait différent s'il n'y avait pas d'accoudoir. Ici on tombait amoureux dans le noir, devant un film à l'écran.

Je prenais le métro pour me rendre au cinéma, passant toujours devant le casino brûlé et l'endroit d'en face, où Alexandra avait balancé ses chaussures et embrassé les deux hommes. Je rentrais chez moi très tard et retrouvais Clyde avec qui je m'étais mise à monologuer de tout. J'ai acheté pour lui un traitement afin qu'il reprenne des forces et que sa peau s'hydrate. Je le regardais vivre dans sa cage, je l'écoutais piailler, je caressais son petit crâne chaud et le laissais sortir quand j'avais envie de pleurer après les documentaires. Je m'endormais dans mes larmes en oubliant de refermer la cage et le matin je retrouvais l'oiseau devant la fenêtre fermée qui donnait sur l'extérieur. On apprenait à se connaître tous les deux, et il m'offrait la plus belle inspiration de peinture, il n'y avait pas plus naturel que lui, pas plus élégant et fragile à la fois. Il était un être angoissé, tout petit et tout tiède. Pourtant il avait la force de vivre, ce petit oiseau bruyant.

J'ai peint son portrait en l'intégrant dans une nature étrange qui paraissait morte, sans aucune âme. Il n'y avait que Clyde comme un éclat de couleur dans un monde fade. J'ai peint des déserts terrifiants, secs et venteux, des terres craquelées et une pomme verte qui tombait en éclatant dans un jus opaque comme de la boue.

Un soir alors que je finissais à vingt-trois heures, je ne baillais pas, j'avais le sourire aux lèvres sans savoir pourquoi, je n'avais aucune envie de rentrer et surtout aucune envie de regarder un documentaire avec Clyde. Je voulais me retrouver au milieu du monde et ne plus jamais rentrer ni me retrouver face à ma solitude. À côté du cinéma se situait un bar dans lequel je n'étais jamais allée. J'y suis entrée et me suis installée sur un tabouret. Quelqu'un me demandait ce que je voulais au moment où je détournais les yeux de la salle. Cette personne m'a fait hausser les sourcils et a fait rater à mon cœur un battement. Charles était penché en face de moi, derrière le comptoir, sa peau mate était luisante d'un drap de sueur fin. Il me regardait comme jamais il ne m'avait regardée auparavant, d'une manière très intense, presque dérangeante.

« Charles… Tu travailles ici maintenant ?

— Après l'incendie au casino, j'étais bien obligé de retrouver du travail. Alors j'ai postulé ici. »

Il a souri et à mon tour ma peau s'humidifiait lentement.

« Je vais prendre un jus d'abricot, s'il te plaît.

— C'est parti. »

Je l'ai observé ouvrir le bouchon de la petite bouteille en verre comme j'observais curieusement Clyde devant la fenêtre. Je trouvais ses gestes clairs et parfaits lorsqu'il versait le jus abricoté dans mon verre et qu'il le faisait glisser jusqu'à moi. Je remarquais que sa poitrine se soulevait rapidement, mais régulièrement, ses respirations semblaient longues et pleines, délicatement tièdes. Je me suis mise à regarder autour de moi en constatant que l'ambiance du bar me replongeait quelques années en arrière. J'en revenais éternellement à mes dix-sept ans. Un vague-à-l'âme m'a envahie, puis à nouveau j'ai posé les yeux sur Charles et je refaisais surface. J'étais habitée par deux versions de moi, la Marjorie de dix-sept ans au cœur broyé, et la Marjorie de vingt-trois ans qui tombait encore amoureuse d'un homme inaccessible. Inaccessible pour sa perfection et sa pudeur. On ne pose pas de questions à ce genre de personnes, parce qu'elles sont trop impressionnantes, trop à l'aise dans le monde, trop à leur place. Je le regardais bouger derrière le bar en pensant et buvant par petites gorgées ce jus d'abricot qui paraissait sur ma langue extrêmement sucré. Je ne sentais que le sucre et l'acidité, et je trouvais ça délicieux. Je ne sais toujours pas quel âge j'ai à ce moment. Je ne savais pas comment se comportaient les jeunes femmes de mon âge, si elles commandaient de l'alcool ou bien du jus d'abricot, si elles allaient seules dans les bars ou si elles embrassaient les hommes sans leur poser de questions sur leur vie. Charles a posé devant moi un petit bol d'olives vertes, accompagné d'un autre sourire. Il ne me souriait pas autant avant l'incendie, il avait l'air plus réservé. Un morceau de musique joué à la batterie résonnait dans les enceintes du bar alors que Charles était de dos en train de chercher une canette dans un frigo. Il a passé une main dans l'épaisseur bouclée de ses cheveux noirs, et j'ai cru voir Barthélémy au ralenti quand il faisait ce même geste dans ses mêmes cheveux, avant d'attraper ses bâtons et de jouer sur sa batterie. Mon verre est devenu tiède dans ma paume de main moite. Mon cœur tambourinait aussi fort que la batterie par-dessus le bruit du monde, j'ai oublié à quelle époque j'étais, je me sentais planer dans une étrange folie malgré que dans mon sang ne coulait aucune goutte d'alcool. J'avais une forte envie de pleurer, mais pour empêcher aux larmes de couler, j'ai fini d'un seul coup le reste de mon jus d'abricot un peu tiède en plissant les paupières.

« Ça va Marjorie ? » m'a-t-il demandé.

Je n'ai pu que hocher la tête devant son visage aux traits doux. Doux et caractériels. Il a posé son torchon sur son épaule et a fendu la foule pour me rejoindre alors qu'il n'en avait pas le droit. Charles occupait une toute petite place si proche de moi que je sentais l'odeur épicée de sa sueur, et là j'avais vingt-trois ans, ni plus ni moins.

« Qu'est-ce que tu fais ici toute seule ?

— Je travaille au cinéma d'à côté. Et ce soir je n'avais pas envie de rentrer.

— À chaque fois que je te voyais, tu étais avec cette fille et ce gars qui gagnait toujours, avec la moustache. »

Il m'a arraché un rire.

« Alexandra est en Afrique, et Bruno avec la moustache… il a changé de vie. »

Charles n'a absolument rien répondu, nous étions dans ce moment de suspens où nos regards ne se détachaient pas, quand quelqu'un près du bar l'a appelé en faisant signe.

« Excuse-moi, je dois y retourner. »

Ses doigts ont effleuré les miens cramponnés à mes genoux, ses paroles se sont rapprochées de mes lèvres d'une manière furtive, en même temps que ses yeux bleus, puis il est reparti. J'ai laissé quelques pièces sur le comptoir et suis à mon tour partie, fendant à l'opposé de lui une petite allée entre des personnes qui explosaient de vie comme des bombes remplies de litres de joie. Je n'ai pas osé me retourner avant de pousser la porte. De justesse, j'ai attrapé le métro qui arrivait en même temps que moi et une fois à l'intérieur, assise sur un strapontin, je me suis endormie comme quelqu'un qui n'avait nulle part où aller et qui ne se faisait aucun souci. Je me suis réveillée à quelques stations plus loin de chez moi et j'ai dû marcher longtemps pour parvenir à mon immeuble, les jambes engourdies de fatigue. Clyde n'a pas arrêté de piailler, mais la lourdeur du sommeil m'a embarquée loin de ses cris stridents.

Un dimanche je me suis rendue au parc où l'on a enterré Ange et me suis assise sur le rebord du muret juste devant le sapin. J'ai fumé une cigarette, en tirant un long moment dès que je la portais à mes lèvres. Je fermais toujours les yeux et me laissais transporter dans les petits nuages de fumée qui s'incrustaient dans ma peau, mes vêtements et mes cheveux. Ce jour-là, l'air était étouffant et rendait la nature parfaitement immobile. J'ai dessiné dans un carnet vierge toute une partie de l'après-midi, jusqu'à ce que le vent frais du soir fasse trembler les feuilles. J'en étais déjà à ma troisième cigarette, qui tenait d'une façon lasse entre mes lèvres cramées comme la terre sous le soleil. La présence d'Ange dans mon dos, invisible, m'a apaisée. Cette journée m'a métamorphosée. Plus légère que jamais j'ai parcouru les rues parisiennes et j'ai laissé mon dessin fait au crayon de papier sur un pare-brise de voiture, sous un essuie-glace. Je voulais laisser une trace de mon passage. Je n'ai jamais su qui a trouvé mon dessin, s'il s'agissait d'un homme ou d'une femme, si cette personne a esquissé un sourire ou si elle a froissé le papier et l'a laissé par terre. Je ne sais pas ce qu'il est devenu et pourtant, insignifiant soit-il, ce dessin m'a marquée moi-même. Il était en gris et blanc, de vagues traits pour représenter quelqu'un qu'on identifiait mal, quelqu'un de dos avec un nid de boucles foncées sur le crâne. Je ne sais pas qui cet homme était vraiment, s'il était Charles ou Barthélémy.

J'ai toujours eu du mal à m'adapter aux personnes de mon âge. Il n'y avait qu'Alexandra qui me correspondait, car au lycée elle était celle qu'on délaissait. À la fois différente et insolente, son caractère ne plaisait pas, pas dans une école de village où chaque personne rentrait dans une case. Elle n'était, comme moi, pas faite pour cette vie où tout le monde s'observe silencieusement et se juge. Les adolescents de notre âge n'étaient pas gentils, ils poussaient dans les couloirs, les filles nous empruntaient quelquefois un stylo sans qu'on ait le temps de leur en donner la permission, et nous lançaient un merci froid et mécanique sans aucune humanité. Ils se croyaient tous très intéressants, extrêmement beaux, grands et attirants. Je ne les comprenais pas, ni leurs mots, ni leurs blagues, ni leur odeur. Ils étaient particuliers à observer lorsqu'ils mangeaient, lorsqu'ils parlaient d'amour et lorsqu'ils utilisaient tous les mêmes adjectifs. Avec Alexandra, on ne savait pas de quoi ils étaient capables. On avait déjà dit d'Alexandra qu'elle était tarée à cause de ses yeux espiègles et de ses mots méchants, qu'elle lançait droit sur les autres comme des flèches pour se défendre. Une véritable hypersensible pourtant, elle aussi. On lui faisait du mal, elle crachait son venin toxique. Son corps s'agitait par les battements d'un cœur qui s'emballait rapidement, et c'est de cela qu'elle souffrait. À nos dix-sept ans, nous étions à Paris toutes les deux, d'abord en internat dans la même chambre avec deux autres filles dont Alexandra se méfiait. Nous n'avons jamais pu nous entendre. Elles étaient deux contre nous. Quand elles ne nous entendaient pas, on se moquait gentiment d'elles en imaginant que dans une autre vie elles étaient siamoises, parce qu'elles avaient toujours leurs têtes et leurs fesses collées, qui se balançaient dans un même mouvement, et leurs bras dessus-dessous. L'une avait jour et nuit le nombril à l'air tandis que l'autre se vernissait les ongles de toutes les couleurs et faisait des bulles immenses avec ses chewing-gums, jusqu'à ce qu'elles éclatent et lui tachent les lèvres. On se demandait même si ces deux filles ne nouaient pas leurs culottes entre elles avant de les mettre. À part nos fous-rires entre Alexandra et moi quant à leurs manies, on les ignorait dès qu'elles étaient dans la chambre. Jusqu'à ce jour où l'une des deux m'a paru subitement gentille, à s'asseoir sur son lit pendant que son amie était sous la douche et à me dire : « Il est cool ton petit haut, ça te va bien. » J'ai vu le mouvement roulant de ses yeux sur mon corps et j'ai souri timidement en lui adressant un simple merci. Deux jours plus tard, on s'était servi dans nos trousses de toilette et on avait volé le fameux petit haut que ma mère m'avait offert. Je ne le portais jamais avant d'arriver à l'internat, car je ne l'aimais pas. Mais en arrivant à Paris, j'ai réalisé que ma mère me manquait et que j'avais besoin de porter sur moi un souvenir d'elle, puisque je n'avais que celui-là. C'était un haut à rayures qui semblait rendre la poitrine disproportionnée. Elle n'y avait pas pensé et je ne le lui avais pas dit pour ne pas la vexer. Je n'aimais pas mon corps de toute façon, surtout pas ces deux dunes de chair qui s'avançaient au-delà du corps de cette manière. Je n'aimais simplement pas mes seins à moi, bien qu'ils n'avaient rien d'anormal, mais la perspective des formes m'effrayait. J'évitais de croiser tout regard pouvant se poser sur moi, sur cette partie du corps, parce que c'était dérangeant. L'invisibilité était mon paradis imaginaire. Ne pas exister, ne pas m'exposer, ne pas être regardée. Tout a changé quand les sourcils de Barthélémy se sont soulevés, car soudain j'ai aimé mon corps, j'ai aimé qu'il me regarde en plissant doucement les lèvres, j'ai aimé qu'il soit plus vieux et qu'il me dévore du regard. Il lui est arrivé de poser une main dans le creux de mon dos, ni plus haut ni plus bas, sa paume semblait faite pour se caler juste avant la fin de la courbe vertébrale. Il s'appropriait ma peau à travers mes vêtements et il n'y avait besoin de rien d'autre pour me faire frissonner. J'ai senti à quel point le contact entre un homme et une femme qui s'attirent était électrisant, comme leurs corps étaient aimantés. Puis quand il me parlait je paraissais n'exister que dans ses yeux, il me regardait moi uniquement, pas les autres filles qui passaient à côté de nous. Il ne souriait pas tellement lorsqu'il me regardait parce qu'il roulait un peu de la mâchoire, toujours très sérieusement. Mes joues ankylosées m'empêchaient de sourire aussi quand il faisait ça, je me décomposais devant lui sous l'effet du charme, ses mains effleuraient les miennes tandis que le reste de mon corps se liquéfiait. Je devenais signifiante, c'était provoquant, bousculant, brûlant, animant, ça paraissait l'éternité et à la fois la fugacité. Il y avait entre nous cette odeur sensuelle de miel chaud aussi bien dehors dans le froid qu'à l'intérieur d'un bar dans le monde. Peut-être en imaginaire seulement, mais en intensité excessivement. L'amour est comme un premier excès d'alcool, il tourne trop la tête et rend malade.

Chapitre 6

J'ai fini par devenir accro aux cocktails sucrés et, étonnamment, alcoolisés, avec les petits parasols et les glaçons à la limite de tout faire déborder comme des icebergs. Bruno a fait sonner mon téléphone un jour de juin, alors que mon corps se traînait en short et grand tee-shirt dans cet appartement dans lequel je tournais en rond, parlant avec Clyde peinture et Picasso. J'ai songé que cette perruche, je l'aurais appelée Picasso, parce que tout était étrange avec elle. Toute en couleurs et pelade, l'air hagard, le côté artiste et sa voix d'espagnole excessivement jacassante. Alors j'ai décroché et écouté Bruno qui me dressait en de multiples adjectifs le tableau de sa vie et du luxe. La brioche et les croissants chaque matin, le jus d'orange pressée, la piscine creusée toujours nettoyée, la peau hâlée, le sourire dessiné comme un muscle, la plénitude, la jouissance, le soleil assommant, la nudité sous le tablier pendant les barbecues, non, ça c'était bien une blague, les grosses lunettes carrées et la moustache dégoulinante après les journées cuisson sur le transat.

« Ça te dirait pas de venir quelques jours dans ma villa de la démesure ? » m'a-t-il proposé avant de lâcher un soupir soulagé qui devait sentir l'alcool.

J'ai hésité, parce que je me demandais pour quelle raison il décidait maintenant de m'inviter. Je lui ai appris qu'Alexandra était en Afrique pendant six mois, il a dit que c'était bien, puis il a encore insisté pour que je le rejoigne. Alors Clyde et moi on a quitté Paris pendant mes vacances. Bruno nous a récupérés à la gare, bruni par le soleil et parfumé à la noix de coco. Sa voiture décapotable ne ressemblait pas à celle d'Alexandra, déjà parce qu'elle était énorme et de couleur gris perle toute brillante. Il roulait plus doucement, juste pour le plaisir d'avoir les cheveux au vent et une agréable sensation de temps rallongé. Les routes serpentaient, mes cuisses transpiraient, la compagnie de Bruno me donnait envie de pleurer de joie, mais j'aurais aimé qu'Alexandra soit là. Je l'imaginais avec son chapeau à genoux dans la terre craquelée et le nez tout rouge, en train de soigner un rhinocéros abîmé par la vie sauvage, et mon sourire est mollement retombé. Elle ne m'a jamais autant manquée… Je pensais à ses virages mortels et à notre sud de France, son rouge à lèvres sur sa bouche généreuse et hautaine, sa beauté, sa petite graine entre les yeux et ses iris poudre de cacao. Sans elle, il manquait le déraisonnable et l'excès, il n'y avait plus de folie, plus de rire foudroyant ni d'insultes. Elle était la hors-la-loi de l'humanité et la personne dont je ne pouvais pas me passer. Alexandra m'excédait autant qu'elle m'inspirait. À la place de la simplicité et de la sagesse, il y avait chez elle une dose très élevée d'anormalité. Elle débordait de partout, jusque dans son écriture sur les lignes des cahiers scolaires, car les professeurs notaient toujours dans la marge qu'elle était illisible à cause de ses lettres grosses et rondes qui se serraient comme un banc de patates.

La villa de la démesure était l'autre monde dont on pouvait tous rêver. Tout, absolument tout, était onéreux et gigantesque, un endroit où les journées s'étiraient sans préciser les heures, le matin et le soir ne représentaient plus le début et la fin du jour, ils se collaient ensemble, sans transition, sans inquiétude, sans question. La béatitude totale.

« Viens, je vais te présenter. On fait la fête depuis quelques jours, tu vas rencontrer des gens tout à fait exceptionnels, tu verras. »

Bruno m'a entraînée avec lui, traversant les pièces immenses et se dandinant comme Freddie Mercury sur scène en plein concert, jusqu'à la terrasse en dalles de pierre claires. On trinquait et on riait, les lunettes de soleil cachaient les yeux excités et les corps se tournaient pour m'apercevoir. Une seule fille a relevé ses lunettes de soleil en déposant une bise sur ma joue. Une fine blonde à la peau de poupée qui sentait la vanille. D'ailleurs elle ressemblait à une gousse de vanille. J'ignorais quelle heure de l'après-midi il était, mais là-bas ils en étaient encore au barbecue et aux grands cocktails. Certains faisaient une pause au bord de la piscine pour y tremper les pieds tout en élégance, et discuter de choses qui m'étaient inconnues. Des sujets que personne ne traite jamais, comme les citrons bio ou le libertinage. Je n'ai pas quitté Bruno parce que je crois n'avoir jamais été aussi impressionnée de toute ma vie par des êtres humains. Ceux-là ne doutaient de rien, ils menaient leur existence sans jamais se soucier de quoi que ce soit. Aucun problème au-dessus de leur tête ne planait, l'amour ne semblait jamais les décevoir, car dans leur milieu on ne tombait pas vraiment amoureux. On tombait sous le charme et quelquefois on construisait une vie à deux, mais après quelques années le couple ne communiquait plus et menait deux vies parallèles. Ils étaient encore trop jeunes pour en être là. On m'a servi un cocktail aux couleurs éblouissantes et on m'a invitée à jouer au flipper en passant une main volatile sur la courbure de mon épaule. D'après ce qu'on me disait j'étais douée et mes exploits aux parties de flipper m'ont value d'attirer la sympathie d'un certain nombre de personnes, mais quelquefois j'observais Gousse de Vanille au loin qui parlait avec un homme et j'espérais un jour la connaître, elle aussi. Elle semblait différente des autres, plus naturelle, une fille avec des qualités et des défauts. Parce que les autres étaient des êtres de plastique parfaits avec beaucoup d'argent et de beauté superficielle. Gousse de Vanille n'était pas la plus belle de toutes, j'avais pu noter lorsqu'elle avait relevé ses lunettes de soleil qu'elle avait de petits yeux et un grain de beauté qui ressemblait à un raisin sec sur la mâchoire. Pourtant elle avait un charme exceptionnel, élevée par son chignon blond, décoiffée et pétillante par son grand sourire qui s'étirait en une ligne horizontale.

De la cuisine sortait constamment un tas de personnes portant des plateaux remplis et servant tous les invités. J'avais rarement entre les mains un verre vide, on me ramenait des cocktails toujours différents, teintants de glaçons et décorés de parapluies. À défaut de parler de moi, j'ai écouté la vie des autres dans les moindres détails, leurs parcours, leurs études, l'argent, les parents, l'amour un peu faux. « Ça sert à rien de trop s'accrocher », me disait-on. « C'est vrai, pourquoi donc s'infliger autant de douleur ? » Nous ne venions décidément pas du même monde. J'imagine que l'amitié fonctionnait de la même façon, qu'il suffisait de rire aux blagues et de faire une bise claquante pour paraître sociable et amical. Tout le monde se parlait sur le ton d'exclamation, aigu et animé, très faux. C'était une ambiance particulière et je n'y trouvais pas ma place. Moi j'avais un cœur trop plein. L'argent surpassait tout et il n'y avait que cela qui comptait dans leur vie. Mais alors que j'étais seule contre un mur avec un nouveau cocktail, Gousse de Vanille est venue me rejoindre. Elle n'a pas parlé tout de suite, elle a regardé avec moi le monde autour. Puis elle m'a fixée.

« Je vois totalement le genre de fille que tu es. »

Elle a souri.

« Tu sembles solitaire, douce, un peu dans ton coin, un peu à part dans le monde. On a tout de suite envie de venir vers toi et de te faire la bise, tu vois. Je sais à quel point ce monde n'est pas le tien, parce que tu n'es pas comme tous ces gens qui sont dans le paraître et la vantardise. »

J'étais abasourdie, collée au mur, les pupilles immobiles. Le monde s'est arrêté de tourner ou bien tout tournait trop vite, justement. J'étais cloîtrée dans l'impression d'être un *genre de fille*. J'étais une case parce que dans leur monde on mettait des cases partout. À l'instant j'ai détesté cette fille comme celle de l'internat qui a volé mon haut à rayures, et j'ai pensé qu'il n'y avait pas plus méchant que les filles entre elles. On ne sait jamais comment les comprendre, tout est toujours sous-entendu ou non-dit, moqueur, extravagant, sarcastique. J'étais celle à qui on avait envie de faire la bise. La bonne copine bien gentille qui s'attachait et qui ne disait jamais rien. Mais si elle savait comme mon vrai mauvais caractère m'éloignait des gens. Gousse de Vanille était quant à elle le genre de fille qui m'a éternellement déçue, parce que je ne la croyais pas comme ça, je l'imaginais humaine. Sauf qu'elle faisait mal sans le savoir. Je me suis surprise à reconnaître dans sa façon d'agir une part d'Alexandra, un peu détestable. Pourtant j'aimais Alexandra. Il m'a peut-être fallu rencontrer une fille comme elle pour me rendre compte de ce qu'elle était véritablement : une manipulatrice. Les cocktails me sont montés à la tête, au point que je ne savais plus ce que je pensais, tout cela était sûrement faux, non, Alexandra n'était pas une manipulatrice. Elle souffrait juste. Elle a toujours souffert. Il y a des gens comme elles pour le coup qui souffrent toute leur vie et ils n'y peuvent rien. Je me suis forcée à finir ce verre qui m'a paru interminable et sans fond pendant qu'on appelait Gousse de Vanille de la cuisine. Elle m'a rapidement oubliée, me laissant comme elle le disait un peu dans mon coin, un peu à côté du monde. Il faut croire que j'aimais être à côté du monde alors, mais quelque part dans cette villa de la démesure, quelqu'un m'a vue avant que je ne le voie, quelqu'un qui est venu à son tour vers moi, un homme qui devait avoir mon âge. Il était le premier qui tentait de me charmer de cette façon, il en faisait des tonnes et il était presque drôle. Tout le monde le connaissait, car il était *fils de*, avait tout vécu et j'étais selon lui la Marjorie la plus jolie qu'il avait rencontrée. Car il en a eu deux dans son début de vie des Marjorie, ce qui m'a étonnée, car les Marjorie ne couraient pas les rues. Il m'a parlé de ce que les hommes ne devraient pas dire à toutes les filles. Il m'a parlé des Marjorie. La première était d'une jalousie extrême – je l'ai imaginée grande et typée avec une longue queue de cheval noire et lisse qui tombait dans son dos – et l'autre était toujours malade, à tel point qu'elle prenait trop de médicaments, et que son corps et sa tête étaient remplis de graves problèmes. C'était toujours leur faute à elles, lui il ne pouvait rien se reprocher parce qu'il était là pour ses Marjorie. Quand il en a eu fini avec ses histoires, son visage a changé comme s'il était soudain très mou, dans les airs. *Le Coup de soleil* a rempli la maisonnée et le soir est devenu nuit, ses yeux dévoraient les miens, il avait envie de dire quelque chose, ça paraissait important, ça menaçait de tomber du bord de ses lèvres, je l'apercevais.

« T'es super belle, Marjorie. »

Il prononçait mon prénom comme s'il m'avait toujours connue, il en avait l'habitude de prononcer ces lettres de toute manière. Mais moi je n'avais pas envie d'être l'une de ses Marjorie. Cependant il était rare qu'un homme me le dise si soudainement. Il était le seul. Mon cœur ne pouvait s'empêcher d'accélérer. Je l'ai remercié très sincèrement, avec une petite voix qui l'a fait sourire et je sentais qu'il cherchait à se rapprocher, sa peau devenait rouge et ses mains tremblaient. Et là, quand la chanson touchait à sa fin, que les paroles s'étiraient encore un peu avant de s'éteindre :

J'ai attrapé un coup d'soleil

Un coup d'amour, un coup d'je t'aime

J'sais pas comment, faut qu'j'me rappelle

Et si je rêve, tant pis

J'ai attrapé un coup d'soleil

Un coup d'amour, un coup d'je t'aime

Un coup d'amour, un coup d'je t'aime

Non non non, non non.

Quand la chanson touchait à sa fin, il a haussé les sourcils tandis que ses paupières succombaient légèrement à se fermer, à moitié, très furtivement. Dans un souffle il a encore prononcé mon prénom, des larmes naissantes au bord des yeux, et j'ai été la fille la plus déçue de la soirée. Je lui rappelais simplement les anciennes Marjorie desquelles il devait toujours être amoureux. Il s'est penché jusqu'à ce que nos nez se frôlent et renonçant à tout, à ce moment auquel j'aurais pu m'abandonner sans penser, renonçant à ses lèvres ambitieuses, donnant raison aux questions qui me cisaillaient comme des lames de rasoir, j'ai détourné le visage. Ses lèvres n'ont fait que caresser ma joue le temps d'une seconde, j'ai quitté la bulle qu'il m'offrait, la bulle que j'avais tant cherchée, l'amour que j'attendais. Ce n'était pas lui qui bousculerait mon cœur, ça ne le serait jamais. Il avait trop bu et moi aussi, on aurait tout oublié et on ne se serait jamais revus. Dans leur monde on disait *et alors ?* mais moi je n'étais pas un *et alors ?* Elle aurait dit que c'était dommage, Alexandra. Que j'aurais dû profiter de l'instant sans me laminer avec mes propres questions inutiles, me tirer de mes pensées et faire comme elle, voler des baisers et lancer mes chaussures loin de moi, danser et rire comme une folle. Il fallait toujours que je me demande ce qu'Alexandra aurait fait à ma place, car elle c'est certain, elle serait restée collée à lui.

J'ai donc ouvert une porte au hasard dans cet habitat gigantesque et par chance je suis tombée sur une chambre, dont les fenêtres ouvertes laissaient s'infiltrer la lourdeur et la moiteur de l'été. Je me suis allongée à plat ventre sans tirer les couvertures et me suis endormie seulement quelques minutes plus tard, bercée par les basses de la musique et les voix qui explosaient comme des feux d'artifice, comme les rires de soirées, comme le rire sorti d'un corps en folie. Au matin il n'y avait que le sifflement dans mes oreilles étouffées, aucun autre bruit, le vide, la vue brouillée et la langue horriblement pâteuse. Je n'ai ouvert rien que les yeux, sans bouger le reste de mon corps qui semblait bien trop lourd, et j'ai apprécié quelques instants l'air tiède qui encombrait déjà la pièce. Ma tête pleine de questions, je me suis demandé ce que je faisais là, j'aurais voulu me réveiller dans mon Paris, dans mon propre monde. Je me suis levée pour me diriger dans les escaliers au bout d'un couloir, passant devant un mur de portes closes. J'ai descendu, éprouvée, chaque marche comme si je les montais sans en voir la fin. C'était comme un tableau d'Escher. Immédiatement je suis sortie sur la terrasse et mes yeux se sont posés sur la cage de Clyde. Il était là, son petit corps en boule, me regardant avec cet amour si délicat. Bruno avait dû le laisser à l'extérieur en oubliant que je l'avais amené. M'asseyant sur une chaise à ses côtés, j'ai fermé à nouveau les yeux et j'ai laissé le soleil m'insoler. Ensuite on m'a mis entre les mains un verre coloré et glacé, agrémenté d'un parasol vert. C'était Bruno avec ses lunettes de soleil aux branches couleur or, qui me souriait sous sa fabuleuse moustache. J'ai alors remarqué à quel point il était devenu un peu flasque, flottant dans une peau grasse et dans ce ventre enrobé. Son front était légèrement suant. Il sentait l'alcool et la nuit. Il a allumé une cigarette, l'a collée entre ses lèvres puis m'en a offert une qui m'a semblé pour la première fois avoir un goût de cramé, peut-être à cause du soleil carbonisant ou bien de ma bouche encore âcre. J'ai bu et fumé en même temps ce matin-là, comme je ne le faisais jamais.

« J'ai vu que tu parlais bien avec ce charmant jeune homme, tu sais, hier.

— C'est lui qui me parlait, pas moi.

— Qu'est-ce qu'il te racontait ?

— Des choses inutiles sur des filles qui se prénommaient Marjorie et qui ne m'intéressaient pas.

— Le pauvre chéri, il ne s'en est jamais remis. C'est un mec bien, mais… insistant. Il a peur qu'on l'abandonne ou qu'on ne focalise pas l'attention sur lui.

— J'ai remarqué.

— Je crois que tu lui plais.

— Eh bien moi je n'aime pas ce type. »

Bruno a longtemps, très longtemps, tiré sur sa cigarette.

« C'est dommage chérie », a-t-il soufflé.

Il parlait comme Alexandra, j'ai cru l'entendre, avec son ton presque froid et distant. Pourquoi était-ce dommage ?

« Pourquoi c'est dommage ?

— Parce que tu ne te laisses pas porter, ma belle. Tu es comme cet oiseau débile et déplumé dans sa cage qui n'a jamais rien vu d'autre au premier plan que ses barreaux de fer. »

Il m'a retiré toute contenance. Tous mes muscles se sont soudain contractés, mon cœur résonnait dans mes tempes comme s'il cherchait un endroit par lequel sortir, déchirer ma peau pour s'enfuir à toutes jambes et abandonner mon corps inerte sur le bain de soleil, comme une charogne bouffée par la vermine. Je ne sais pas ce qui m'a pris à ce moment, mes paroles sont devenues agressives.

« Qu'est-ce que tu sais de moi en fait ? On ne se connaît pas, je crois.

— Calme-toi chérie, ne le prends pas comme ça. Je dis juste que tu repousses tout ce qui vient à toi. C'est pas une tare, juste un petit handicap de vie.

— Tu es comme Alexandra.

— Pourquoi Alexandra ?

— Tu es aussi sarcastique. Tu craches sur les autres. Tu es faux, tu flottes dans ce monde trop grand pour toi comme dans une chemise en XXL. Tu n'en as rien à foutre des autres. Il n'y a que toi qui comptes et tes cocktails qui montent à la tête, tu ne vois même pas que les gens présents ici ne sont là que pour le fric, et toi tu crois que ce sont des amis. »

Je n'ai pas vu ses yeux derrière les verres teintés de ses lunettes, et ses lèvres semblaient s'être perdues dans sa moustache tandis qu'il laissait sa cigarette se consumer entre ses doigts. Nos visages se sont fait face un temps puis il a tourné la tête droit devant, perçant de son regard invisible le paysage surchauffé.

« C'est aussi ce que tu penses d'Alexandra ? Alors pourquoi tu ne pars pas, pourquoi tu restes ici, à côté de moi ? Tu te trompes sur les gens, Marjorie. Tu n'as rien compris. C'est toi qui es enfermée dans ton monde et qui te fous des autres. »

Je n'ai jamais entendu sa voix aussi froide. Ça paraissait impossible de sa part de parler ainsi, ça ne collait pas avec le personnage, il n'était que joie de vivre et légèreté, il ne pouvait pas prononcer ces mots, je les croyais hors de sa portée. En fait il était violent, plus violent que je l'imaginais. Un homme, même homosexuel, peut être d'une froideur aussi violente que les femmes, rien que par ses mots et ses yeux invisibles derrière ses lunettes de soleil. C'est ce qu'il y a de pire, un visage sans yeux, qui prononce des mots que l'on voit se former seulement sur les lèvres. Les yeux invisibles sont comme une prévision orageuse, on ne sait pas quand les éclairs vont électrocuter l'atmosphère. C'est ce qu'il y a eu de plus dur avec Bruno, ne plus voir la douceur dans la prunelle de ses yeux, mais seulement le noir abyssal qui bandait une partie de son visage rond. Est-ce que j'associais vraiment le sarcasme à Alexandra ? Oui, bien sûr que c'était le cas. Je n'osais pas tellement me l'avouer, car je me serais sentie coupable, je me serais sentie obligée de la laisser tomber, comme me le disait Bruno : pourquoi ne pas partir alors ? J'aurais eu envie de répondre : « Merde Bruno, parce que je ne peux pas ! Je suis droguée à l'Alexandra, sans elle je ne me sens rien, je ne suis rien, je suis le noir profond d'une grotte sans fond, la miette de pain égarée sur un trottoir, le dernier cornichon noyé dans le pot rempli de vinaigre, un sac poubelle troué, un stylo sans encre, qu'importe ! Je ne suis RIEN. »

C'est fou comme on a eu envie de se tuer, l'un et l'autre, arracher violemment toute l'amitié que nous avions construite. J'avais tellement le cœur émietté, une colère essoufflante me compressait la cage thoracique pour ne pas dire un essoufflement mortel. Tout en moi s'est mis à trembler et alors que je me levais, encore avec mon verre à la main, le regard invisible de Bruno a transpercé les verres de ses lunettes pour me piquer douloureusement. Je ne savais pas quoi faire, partir comme une voleuse ou rester comme la Marjorie qui disait que rien n'était grave. Finalement je me sentais si ridicule que je n'imaginais pas rester plus longtemps et être ainsi jugée par Bruno. Je ne disais rien et ma gorge ne le pouvait pas, rien qu'avaler ma salive était difficile, comme si tout avait gonflé et que je m'étouffais. J'ai finalement laissé mon verre à moitié plein sur la petite table ronde placée devant nos bains de soleil, à côté du sien. Ensuite j'ai pris Clyde avec moi et ma petite valise, je suis partie sans oser regarder Bruno. Je n'ai pas osé, non, pas osé. C'était tout mon problème de ne pas oser regarder quand je me devais de faire face et de paraître digne. Je m'excusais d'être là, au milieu des autres, d'être trop présente, je m'excusais d'être toujours trop ou pas assez. Je songeais à cela tout en descendant la longue allée qui ondulait entre ces rangées de fleurs abondantes et ces galets éblouissants. Clyde ne piaillait pas, mais me fixait, lui il osait me regarder droit dans les yeux. Arrivée tout en bas j'ai pensé que je n'avais aucune voiture pour me rendre à la gare, et j'ai lâché ma valise qui a failli tomber comme prise d'un malaise, ma main sur le front et l'esprit perdu. Je me suis retournée vers la villa de la démesure et aperçu Gousse de Vanille, avec ses grosses lunettes de soleil qui retenaient négligemment ses cheveux fins par-dessus son crâne. Elle m'a rejointe des clés à la main et une cigarette entre les lèvres. « Viens », m'a-t-elle dit en m'entraînant vers une voiture, la sienne sans doute. Quand je me suis assise, elle m'a demandé si j'étais sûre de partir, elle tentait tout pour me retenir, mais elle a capitulé avec regret, un étrange regret que je n'aurais pas soupçonné de sa part. Elle a baissé ses immenses lunettes qui rendaient son nez plus petit qu'il ne l'était déjà et semblait réfléchir très profondément en fumant sa cigarette. J'ai regardé chacun de ses gestes, quand elle tournait le volant, quand elle regardait dans son rétroviseur ou quand elle passait les vitesses. J'étais certaine qu'elle était douée en sciences et en maths, et que dans la vie elle gagnait à tous les jeux de logique. Quelque chose chez elle relevait du côté calculateur et presque surdoué. Elle ne le savait sûrement pas. Nous n'avons pas parlé tout du long jusqu'à ce qu'on atteigne la gare, et alors dès cet instant, après qu'elle se soit garée, elle m'a tendu sa cigarette bien entamée et m'a dit :

« Je t'aime bien, Marjorie. Tu es une fille étonnante. J'admire ton regard plein de culot. »

Un regard plein de culot ? Moi qui n'osais pas affronter ceux de Bruno et d'Alexandra ? Moi qui regardais toujours le monde sans jamais avoir la sensation d'en faire véritablement partie ? Elle m'a laissée partir, comprenant peut-être mon besoin de liberté. Elle était finalement la plus humaine de toutes. Je l'aimais bien aussi parce qu'elle ne cachait rien de son caractère, et puis elle était d'une certaine manière assez intimidante. Je l'ai remerciée et elle a haussé les épaules. Je suis arrivée à temps dans la gare pour acheter un billet, terminer la cigarette et prendre le train. On m'a regardée, moi et mon oiseau. J'ai imaginé voir Barthélémy la tête collée à la vitre, dans les trains que nous croisions, je l'ai vu dans chaque chevelure noire que j'apercevais, dont une à quelques sièges parallèles au mien. Il avait un casque sur les oreilles et semblait lourd de fatigue. Il était positionné à contresens de la marche et je pouvais voir son visage en imaginant se calquer celui de Barthélémy. Il s'est levé un moment alors que le soleil l'éblouissait, prenant ses sacs et frôlant mon siège. Nous nous sommes jeté un regard sans définition, sans adjectif et sans émotion, juste la sensation de se regarder parce que l'un a regardé l'autre. Le courant d'air qu'a chassé son corps avait l'odeur caractérielle de nature séchée en période de canicule, les feuilles et l'animal à la fois, mélangée à l'odeur subtile de vêtements absorbant la sueur des heures de train. Il me faisait vraiment penser à Barthélémy.

Mais ça n'était pas lui.

Chapitre 7

Mes vacances ont pris fin et j'ai dû retourner au cinéma pour assurer les sorties de *Forest Gump* et de *Leon*. Ils avaient un franc succès et rendaient toujours les gens très différents lorsqu'ils poussaient la porte pour ressortir du cinéma. Leurs cils étaient un peu humides et leur petit sourire comme suspendu. C'est pour cela que j'aimais le cinéma, parce qu'il avait le pouvoir de frapper les gens au cœur, c'est toute cette ambiance, ces images de choc, ces sons qui serraient les tripes, ces acteurs exceptionnels, cette odeur de pop-corn. Moi j'étais derrière tout ça, derrière la vitre, dans ce petit espace auquel personne ne pouvait accéder, j'étais dans mes rêveries et quelque peu prise de chagrin quand je voyais les films, même plusieurs fois d'affilée. Un soir, alors que j'avais pris le métro pour rentrer, un papier s'était faufilé en mon absence sous la porte. J'ai lu une écriture dynamique, griffonnée à la vitesse d'un sprint en d'immenses lettres maigres. « *Puisque tu n'es pas chez toi, je te l'écris, je ne pense qu'à cette toile chez Alexandra, celle que tu as peinte. J'ai parlé de toi à une amie propriétaire d'une galerie, elle est très intéressée. Voilà. Peins, Marjorie, peins. Leonardo.* » Leonardo savait où j'habitais puisqu'ils étaient déjà venus tous les deux avec Alexandra. Je l'avais d'ailleurs trouvé d'un calme absolu, très concentré à observer mon studio et surtout mes pinceaux qui traînaient sur le petit bureau. Nos regards se sont croisés un moment, surpris par Alexandra qui n'a pas relevé. Je savais comme elle pouvait être jalouse quand Leonardo m'adressait la parole ou s'intéressait à ce que je faisais. Alors il lui est arrivé de me sourire, pour rien certes, quand elle avait le dos tourné.

Pas un sourire charmeur, juste un sourire de la longueur de ses furtifs compliments, un sourire qui s'effaçait très vite et qu'il fallait saisir au bon moment pour ne pas rater, comme un train qui quitte la gare à toute vitesse. Tout semblait fonctionner ainsi chez lui, à grande vitesse, il brûlait les kilomètres par heure de la vie. J'ai laissé le papier sur le bureau, en vrac, désintéressée comme j'étais ou plutôt ignorante. Il mentait, il n'avait pas parlé de moi, il était un menteur, Alexandra l'avait déjà dit. Il était le petit garçon qui volait les bonbons en affirmant catégoriquement que ça n'était pas lui, ou si personne ne le croyait il disait que c'était la faute de sa main, il n'avait pas pu la contrôler. C'est ce qu'Alexandra racontait. Peut-être que c'était elle qui mentait parce qu'elle lui en voulait trop d'être parti, mais pour moi Alexandra ne pouvait pas mentir. Ça n'était pas son genre, bien au contraire, elle était toujours sincère, surtout dans sa colère. Alors le papier griffonné en lettres mal soignées, je n'y croyais pas. Je ne comprenais pas pourquoi Leonardo aurait pris cette initiative pour moi alors que nous n'avions rien à voir et qu'on ne se connaissait pas tellement. Ou alors il attendait quelque chose de ma part. Il était revenu sur Paris, il a pensé à moi à travers Alexandra, et désespéré, il a tenté. Le lendemain, tandis que la fenêtre était ouverte, un courant d'air a emporté le papier et ne l'a évidemment jamais ramené. Entre-temps, j'ai été tentée de le lire de nombreuses fois en me posant mille questions, mensonge ou vérité. Ça n'était pas grave, j'ai oublié. J'oubliais tout ce qui me concernait. Dans ma tête il y avait seulement Alexandra parce qu'il ne restait que deux semaines avant son arrivée à l'aéroport.

Leon restera le plus beau film de mon existence. Dans la salle j'ai vu entrer ce corps et cette aura inqualifiable, c'était Charles et rien que lui, cherchant une place puis s'y asseyant, placé au centre assez en hauteur. Je pouvais distinguer ses cheveux, je n'ai regardé qu'eux et j'ai espéré qu'il tourne la tête vers la petite vitre, mais il ne l'a pas fait. Il ne se doutait pas que j'étais là, derrière la lumière diffusée par le film. J'ai pleuré plus que d'habitude, parce qu'il était là et que nous voyions le même film sans qu'il ne le sache. Mais moi je ne pouvais pas savoir si lui aussi, il pleurait. J'ignorais encore les limites de sa sensibilité, si elle s'arrêtait au bord des yeux ou si elle coulait à flots sur ses joues. Le film terminé, il est resté jusqu'à la fin du générique alors qu'autour de lui les gens partaient. Il était de ces rares personnes qui quittaient leur siège en dernier pour savourer l'entièreté, la musique de fin et les noms qui défilent. On s'est levés en même temps, lui de son siège et moi de mon tabouret. Il a failli tourner la tête, j'ai failli sourire, mais à la place j'ai fermé les yeux et quand je les ai rouverts il descendait les marches d'escalier. Après lui, la salle était vide et moi pleine de larmes, encore. Le lendemain, j'ai pensé à Charles et je suis restée assise au bord de la fenêtre sans me rendre compte que je respirais à peine, j'étais ailleurs dans cet univers parallèle qu'il m'offrait. J'étais comme malade, envie de rien, sans sourire, sans m'habiller convenablement, sans faire mon lit, sans ranger mes pinceaux, sans âme vive logée en moi. C'est une étrange déprime qui nous fait trouver le temps long et insupportable, on aimerait arrêter de réfléchir, arrêter de se refaire en boucle la même scène qui s'estompe simultanément avec heures qui s'écoulent. Cette journée a été vide, puis le soir s'est coloré de jaune et de rose pendant que le soleil déclinait. J'ai mangé à la fenêtre, à côté de Clyde, déjà suante après une douche presque froide. L'été encore en ce début septembre était brûlant comme un alcool fort, les nuits blanchies par l'insomnie, la peau toujours collante. Dans la semaine, à dix-neuf heures, je suis sortie et me suis mise à courir dans Paris. J'ai couru longtemps, inspiré et expiré sans trop d'accros, j'ai senti mon cœur gonfler et mon sang soudain se réveiller. Je suis passée dans le parc où Ange était enterré, j'ai eu une pensée pour lui, puis j'ai fermé la longue boucle en passant devant le bar où travaillait Charles. J'ai failli rentrer dans un couple qui sortait justement, et le temps que je m'excuse essoufflée, Charles est sorti en allumant une cigarette. Dès qu'il m'a vue, ses joues se sont creusées pour me sourire. L'atmosphère ce soir était orageuse, ce qui semblait rendre ses yeux kaki. Là j'aurais pu m'effondrer par manque de souffle, ma cage thoracique allait exploser. Tout en moi battait trop fort.

« Tu cours ? Je ne savais pas.

— C'est la première fois depuis le lycée, mais j'ai très envie de m'y remettre.

— On se croiserait peut-être plus souvent, si tu passes par ici à l'heure à laquelle je fume ma cigarette. »

Je ne m'y attendais pas. Son regard se portait beaucoup de mes yeux à mes lèvres pendant qu'il fumait. À chaque fois que je le voyais, j'avais l'impression de découvrir quelque chose en plus, un aplomb plus certain, un grain de beauté au coin du sourcil droit, un regard plus osé, des mots plus touchants. Je n'ai rien pu répondre, je n'avais plus de souffle. Je me sentais trempée et de mon corps s'échappait cette forte odeur de transpiration. Je n'ai pas osé imaginer à quoi je ressemblais, sûrement à une loutre tout juste sortie de la rivière. Le temps s'est arrêté, mon cœur s'est un peu calmé, j'étais comme droguée aux endorphines. J'avais très envie, extrêmement envie, là, même devant tout le monde, de lui mordre les lèvres, d'être cette cigarette qu'il fumait. Un élan de désir. Le ciel a tonné, une première goutte s'est écrasée sur mon épaule nue. Il a levé les yeux et a écrasé sa cigarette. « Salut Marjorie. » Il a toussé d'une façon délicate pour se racler légèrement la gorge, il m'a souri une toute dernière fois et il est rentré. L'atmosphère avait l'odeur du pétrichor, la pluie d'été fugace qui mouillait le goudron chaud. À mon tour, je suis rentrée chez moi, j'ai pris une douche, et alors que je quittais la salle de bain, quelqu'un a frappé à la porte. J'ai posé la main sur la poignée, failli ouvrir, mais la voix m'en a empêchée.

« Marjorie ? »

J'ai reconnu la voix de Leonardo, qui a retenti plusieurs fois avant de lâcher un petit soupir. Il a griffonné quelque chose contre ma porte et a fait glisser un papier par en dessous, avant qu'il ne descende bruyamment les escaliers. *Puisque tu n'es toujours pas chez toi, je te l'écris encore, cette fois pour te dire que j'aimerais te voir. Je repasserai. Leonardo.* » J'ai immédiatement jeté son papier à la poubelle, sans état d'âme, sans même avoir été touchée par ses mots, non, j'étais inaccessible, personne ne comptait à part Charles. Il m'avait rendue folle et déchaînée.

Lorsque j'avais certains soirs de libres dans la semaine, quand je n'étais pas au cinéma, j'allais courir, de plus en plus longtemps, et je voyais Charles. Je m'arrêtais et il me disait quelques mots avec un sourire ineffaçable. Quelquefois il me faisait détourner les yeux, car son regard était si intense qu'il me déstabilisait, il pouvait me faire tomber, me faire tourner la tête à en perdre connaissance. Et alors les endorphines mélangées aux remous de ventre tordu me procuraient les meilleures sensations. Le temps se rafraîchissait et quand je commençais à trembler, il le sentait et il jetait sa cigarette. Il passait une main sur mon épaule en chair de poule, « à très vite Marjorie. » Et il rentrait. Et moi j'étais toute retournée, je courais dans la ville sans faire attention à rien, je traversais n'importe quand au risque de me faire faucher, mais je ne songeais à aucun danger.

Je n'ai jamais rien dessiné ou peint sans un modèle. Le manque de repères m'empêchait de le faire. Pourtant j'ai essayé de peindre le portrait de Charles sans modèle, sans photo, sans son corps ni son visage. Je l'avais comme placardé sur la tapisserie de ma mémoire, j'ai essayé, je suis sortie de cette zone de confort où je n'avais qu'à représenter les lignes qui existaient déjà. Ici il a fallu réinventer Charles, et plus j'avançais, plus son visage apparaissait sous d'autres traits, plus tirés, un peu plus secs aussi. Je l'ai peint en bleu, comme Picasso. Ma toile n'avait rien de joli, tout était maladroit, penché, tordu, pas de la bonne taille, pas si représentatif de la réalité. Pourtant j'étais certaine qu'on pouvait le reconnaître d'un regard extérieur, tellement ses yeux étaient immenses et profonds. Il y avait ses cheveux qui ne trompaient pas, d'une épaisseur démesurée et des boucles gigantesques. Sur ce portrait, Charles avait un sourire que je ne voulais pas fait exprès, un sourire sans en être un, mais un sourire quand même sur ses grandes lèvres en vague, sous son nez extrêmement fin. J'ai terminé son portrait dans la nuit sous une lumière jaune et peu éclairante. J'y allais comme à tâtons, je me fichais du résultat, je voulais juste peindre ses traits comme j'aurais parcouru du bout des doigts ses courbes réelles.

Puis j'ai tourné la tête vers Clyde, qui n'avait jamais été aussi calme, et dans ses yeux je voyais qu'il n'était pas bien. Quelques plumes fines à nouveau tapissaient le fond de sa cage, une sorte de duvet fragile qui ne pouvait s'accrocher à sa peau craquelée, il était recroquevillé comme s'il avait froid. J'ai caressé sa tête très doucement, en me disant qu'il sentait peut-être qu'Alexandra reviendrait et que j'allais devoir le quitter pour le lui rendre. Il semblait s'être endormi quand j'ai décidé de changer son eau et d'éteindre la lumière, puis de me glisser dans mes draps. Le portrait de Charles nous regardait, enrobé de sa peinture bleue.

Deuxième partie
La perruche
1994

Qu'est-c' qu'on n'a pas écrit sur elle et moi
On prétend que nous tuons de sang-froid
C'est pas drôl', mais on est bien obligé
De fair' tair' celui qui s'met à gueuler
Bonnie and Clyde
Bonnie and Clyde

Bonnie and Clyde, Serge Gainsbourg, 1968

Chapitre 1

La perruche s'était envolée. Sa liberté retrouvée, ta folie réveillée. Alexandra, le jour où tu es rentrée de l'aéroport, quand je suis allée te chercher, tu as récupéré Clyde chez moi et tu l'as installé dans ton appartement. Tu étais si heureuse de le revoir, tu m'as remerciée pour tout, et tu l'as trouvé assez en forme. Moi je t'ai dit qu'il n'allait pas bien, mais tu n'as pas voulu m'écouter. Bien sûr que si, il allait bien, il fallait simplement qu'il se réhabitue à cet espace et à ta présence. Je suis restée manger chez toi alors que tu me racontais ta mission éreintante. J'ai trouvé ta peau bronzée et ton esprit élevé. Tu me fascinais. Mais tu as tourné la tête vers Clyde un instant, avant de le regarder une deuxième fois, ton *double check* le plus réussi. « Tu as raison, il n'a pas l'air bien », as-tu dit. Le lendemain, tu étais seule avec lui et tu t'es mise en tête d'ouvrir sa cage pour qu'il puisse voler à son gré dans l'appartement. Tu voulais définitivement supprimer cette cage, mais tu as oublié que la fenêtre de ta chambre était ouverte à ce moment. Clyde s'est envolé hors de la pièce pour rejoindre l'extérieur sans un bruit, d'ailleurs tu ne t'en es pas rendu compte tout de suite. C'est en passant le balai que tu as fixé la fenêtre grande ouverte de tes yeux immenses et affolés. Tu as lâché le balai et tu as pris ta tête entre tes mains. Là tu as hurlé – comme si tu venais de tuer accidentellement quelqu'un – si fort que ton voisin a sonné à ta porte en croyant qu'il t'arrivait quelque chose de grave. Tu as ouvert et il n'a rien compris de ce que tu lui as raconté, car tu parlais beaucoup trop vite et ta langue n'articulait plus les mots que tu lui jetais à la figure. Tu te souviens l'avoir insulté sans savoir pourquoi. Il n'y était pour rien, le pauvre… Alors à son tour il t'a insultée en te traitant de folle-dingue, puis il est rentré chez lui. Tu m'as appelée en pleurs et je suis parvenue à déchiffrer ce que tu me disais. J'étais immobile en t'écoutant, les larmes coulaient toutes seules sans que je puisse les en empêcher. Je pleurais pour Clyde parce que je l'avais follement aimé, cet oiseau. Je ne réalisais pas la nouvelle, je ne savais pas quoi te dire et dès que je voulais te rassurer, ma bouche s'ouvrait dans le vide. Tu m'as dit : « viens, on sort » et nous sommes sorties. Je t'ai proposé le bar dans lequel Charles travaillait et tu m'as suivie sans rien dire. Tu ne t'arrêtais plus de pleurer, et Charles m'a immédiatement demandé ce qu'il arrivait. Je lui ai raconté que l'oiseau s'était envolé par la fenêtre, ce qui a fait naître sur son visage un sourire empathique, puis il nous a offert deux cocktails qui m'ont rappelé le séjour dans la villa de la démesure. Je ne t'en ai pas parlé. Tu ne l'as jamais su, tu n'as jamais posé de questions sur Bruno, tu l'avais déjà oublié.

« Parle-moi encore de l'Afrique.

— Je t'ai tout dit.

— Non, je suis sûre que non.

— J'ai sauvé quatre rhinocéros, mais plein d'autres ont été blessés par les braconniers et n'ont pas survécu. »

Des lumières vertes et bleues faisaient des allées et venues sur ta peau tandis que ton regard était noyé dans ton verre. Tu pleurais encore, mais tes reniflements avaient pris fin, le petit fossé vertical sous tes narines était d'une texture collante comme une gamine qui ne s'était pas mouchée.

« Tu me l'as déjà dit.

— Alors ce que je ne t'ai pas dit c'est que j'ai rencontré un homme là-bas.

— Tu l'aimes ?

— Je l'aime, mais je ne suis pas amoureuse, c'est pas pareil. Je sais qu'il n'est pas sérieux, il est déjà marié à une femme et tout ce qu'il voulait c'était mon corps. Je lui ai juste offert parce que je le voulais aussi. Cet homme est beau, très beau. Mais je ne le reverrai jamais et je ne le souhaite pas. Je ne peux pas juste offrir mon corps de cette manière, c'était une erreur, je n'aurais jamais dû. Je n'aime pas faire ça. »

Je t'écoutais et en même temps je croisais le regard de Charles. Tu ne l'as pas remarqué parce que tes yeux ne m'ont pas regardée une seule fois. J'avais du mal à te reconnaître, tu ne semblais plus la même. Tu paraissais extrêmement fade, tu n'étais même plus sarcastique, tu étais juste vide et pleine de larmes, que tu essuyais frénétiquement. Ensuite tu t'es levée de ton tabouret pour te diriger vers les toilettes, et Charles n'a semblé attendre que ce moment où je me retrouverais enfin seule. Il a contourné le bar pour me rejoindre, comme la première fois avec son torchon sur l'épaule, armé de son plus beau sourire.

« J'adore te voir Marjorie.

— Moi aussi, j'adore te voir. »

Je crois que nous avons tous les deux rougi dans l'ombre. Rien de plus naturel que ces deux phrases échangées, des phrases qui voulaient dire juste ce qu'il fallait, sans fard, sans brutalité. On avait sans doute des milliards d'autres choses à nous dire, mais on pouvait à peine s'entendre, le monde nous intimidait, l'ambiance semblait trop encombrante pour s'aventurer plus loin dans une conversation. Et puis tu es revenue tandis que des gens se retournaient sur ton passage. Tu avais toujours réussi à attirer l'attention de tout le monde dès que tu passais par là, dès que ton corps débarquait et que ton regard sciait la foule. Ça m'impressionnait. Était-ce parce que tu étais belle ou bien parce que les gens devinaient que tu étais une femme caractérielle, que tu en imposais ? Tes deux pieds paraissaient faire trembler la Terre entière, et lorsque tu marchais tu étais sûre de toi, tu savais exactement où tu allais et où était ta destination, tu regardais les autres d'une manière hautaine, surtout les filles. Tu n'aimais pas les filles, à part moi. Tu ne pouvais pas les supporter, elles et leur voix, elles et leur rire, elles et leurs critiques, elles et leur jalousie. Tu les écrasais fièrement, ce soir-là plus que jamais. Tu savais que tu étais belle même quand tu tirais la tête et que tes larmes avaient séché sur ton visage rouge. Tes yeux cacaotés scandaient silencieusement que tu n'en avais rien à foutre des autres. Tant que tu étais là, le monde tournait, mais sans toi il crevait. C'était ma vision et mon cerveau était lobotomisé. Tu le savais. Alors tu es revenue et Charles a semblé déçu, mais il a effleuré ma main de ses doigts et dans ses yeux j'ai lu qu'il voulait me revoir très vite. Je lui ai adressé un sourire comme pour lui dire que moi aussi j'avais envie de le revoir très vite, il a compris, nous nous sommes compris, notre conversation muette fonctionnait et il est repassé derrière le bar. Toi tu l'as étrangement regardé, comme s'il t'exaspérait.

« Pourquoi il s'en va dès que je reviens ? Je gêne, c'est ça ? Je suis de trop, une fois de plus. »

C'est toi qui m'as exaspérée.

« Arrête, il ne voulait juste pas nous déranger pendant qu'on était toutes les deux.

— Qu'est-ce qu'il te voulait à toi ?

— Me voir.

— Te voir ? En fait vous sortez ensemble et moi je suis celle qui ne comprend rien et qui ne doit pas savoir.

— Non !

— C'est ridicule franchement… Pourquoi tu fais semblant d'être bien là, juste avec moi, alors que tu rêves que je ne sois pas là pour n'être qu'avec lui ? Ça me dégoûte. »

Je ne savais plus quoi faire, tu me faisais peur. J'ignore ce que tu croyais, tu t'inventais toute cette histoire parce que soudain tu n'étais plus le centre de mon attention. Sous la colère j'aurais aimé te le dire sur le même ton que toi.

« Tu délires, Alexandra.

— Je délire, bah oui je délire, parce que je ne supporte pas ce retour en France tu vois ! Qu'est-ce que je fous là à pleurer à cause d'une perruche à moitié morte qui s'est envolée ? Pourquoi je suis jalouse de ce mec langoureux qui s'approche de toi quand je ne suis pas là ? Tu veux la vérité, je suis JALOUSE ! »

Tu as prononcé ce mot trop fort et une nouvelle fois le monde t'a vue et entendue. Moi j'avais honte. Honte de nous. Tu pleurais encore en me fixant. Le bruit reprenait comme une respiration trop forte. Ton problème était donc celui-ci : la jalousie. Tu n'aimais pas que les autres s'intéressent à moi, parce qu'ils ne se focalisaient plus sur ta personne. Le pire était que j'arrivais à te comprendre, tu me faisais de la peine et j'aurais voulu me justifier, te dire que toi aussi on s'intéressait à toi, que tu étais admirable. En fait, j'étais juste la seule à t'admirer et je ne savais toujours pas pourquoi. « Pourquoi es-tu si en colère ? » t'ai-je demandé. Tu m'as regardée longtemps sans me répondre, parce que toi-même tu ne savais pas. C'était dans ta nature d'être en colère, tu détruisais tout pendant que moi je tentais de t'apaiser comme je le pouvais. On avait appris à fonctionner ainsi et si j'aimais une nouvelle personne, en plus de toi, tu avais l'impression que je te lâchais violemment, que je t'abandonnais et que tu n'existais plus. On dépendait mutuellement l'une de l'autre et notre relation devenait insoutenable. Mais j'ai tenu comme cette première fois où j'ai couru dans Paris et que la pluie commençait à tomber. J'ai tenu bon même essoufflée, j'ai couru à en perdre haleine pour me raccrocher à ce qu'il nous restait, c'est-à-dire plus grand-chose.

J'ai cherché à nous sortir de cet engrenage, tu sais. À mes yeux il n'existait que deux solutions : te supprimer définitivement de ma vie ou bien supprimer les autres de ma vie pour nous deux. La première m'était impensable, donc j'ai choisi la seconde. Tu m'as obligée à choisir la seconde sans même le dire par tes mots. Tu me l'imposais par ton mental et ton caprice. Dès cet instant j'ai arrêté de passer devant le bar de Charles en courant et cessé de manifester ma présence à ses côtés, sans rien te dire. Mais un jour tu m'as demandé pourquoi on n'allait plus dans son bar et pour quelle raison je n'avais plus contact avec lui.

« Tu l'aimais bien pourtant, non ?

— Il n'est pas important. Je suis sûre que je ne lui plais pas de toute manière.

— Dis pas n'importe quoi, c'est à cause de moi que vous ne vous voyez plus.

— Non, c'est pas ça Alexandra. »

Tu as plissé les paupières.

« Tu me fais passer pour un monstre, en fait. »

Tu n'étais pas un monstre Alexandra, tu étais juste une créature faite d'intolérances.

« Tu me manipules, tu me fais passer pour la méchante », as-tu sifflé.

Je faisais non de la tête, mais tu continuais, tu ne cessais plus de t'acharner sur cette idée de manipulation. Qui manipulait l'autre ? On retournait la situation et on se rejetait la faute. Je te dégoûtais, c'est ce que tu as dit. Tu adorais utiliser ce verbe parce qu'il était violent envers une personne, tu aimais quand les mots étaient violents.

« Tu voulais que je crève en Afrique, comme mon père ! Tu aurais été tranquille. »

Que disais-tu Alexandra, mais que disais-tu bon sang ? Tout cela était amphigourique. Je ne te reconnaissais pas, tu me balançais toute ta colère dans la figure tel un ballon de basket très gonflé. Je n'attendais que ton retour, je t'attendais, toi, pour te serrer dans mes bras et retrouver notre complicité d'avant. Il me semblait que ces six mois t'avaient détraqué le cerveau, ils te l'avaient ramolli, et moi qui pensais justement que tu avais évolué spirituellement, je m'étais encore trompée.

Outre notre dispute, je suis restée proche de toi comme je l'ai toujours fait. Je t'invitais souvent, notamment ce soir où quelqu'un a sonné à la porte. J'ai ouvert et je suis tombée sur Leonardo, l'air grave, stoïque, parfum capiteux et peau sombre. Lorsqu'il m'a saluée, tu as surgi derrière moi furieusement, ce qui a interpellé Leonardo. Il a rougi.

« Qu'est-ce que tu fous là toi ? T'as pas une vie ? Dégage ! »

Tu étais si violente quand j'y pense, il n'a rien fait pour mériter ça puisqu'il a toujours fait ce qu'il pouvait pour toi. Il a juste abandonné parce que le poste était trop difficile à tenir, tu le bouffais psychologiquement. Il voulait me parler rien qu'à moi, t'a-t-il dit. Alors pour apaiser les tensions, je t'ai intimé de m'attendre, j'allais parler dehors avec lui, seule à seul. J'ai entraîné Leonardo hors de l'immeuble et me suis appuyée contre le mur en pierre, les bras croisés, pendant qu'il cherchait ses mots.

« Tu as eu mes papiers ?

— Oui. Je ne les ai pas compris.

— Je suis sincère dans ce que je t'écris Marjorie, je pense vraiment que tu as du talent et que tu devrais présenter une de te toiles à mon amie galeriste. Je ne te laisse plus le choix, viens avec moi samedi prochain. »

Sur ce, il est parti tel un stéréotype italien plein de mystère et de domination. Il était un film à lui tout seul. Toi tu es descendue et tu l'as furtivement regardé alors qu'il s'éloignait, puis tu as tourné la tête vers moi.

« Il veut qu'on présente une de mes toiles à une galerie d'art.

— Et toi tu le crois ?

— Pourquoi pas ?

— C'est un menteur. Et puis de quoi il se mêle, pourquoi il s'intéresse à toi d'un coup ? »

Tu avais tellement raison Alexandra, tu étais bel et bien jalouse, de tout le monde, à commencer par moi. Tu n'en avais rien à faire de ma peinture, de mon art et de mes inspirations, tu vaquais à autre chose. Tout ce qui te concernait était plus important. J'étais comme toi, mais avec toi : tu étais la plus importante.

Chapitre 2

Tu ne t'es jamais remise de l'envol de Clyde et pour combler ce manque tu buvais beaucoup quand moi je ne parvenais pas à m'arrêter de fumer. Les deux addictions de Gainsbourg réunies. Les addictions typiques de vies que l'on ne contrôle plus, qui nous échappent. Des vies que l'on ne regarde plus en face, comme les gens. Le corps fait du surplace. Avec toi je ne savais plus quoi faire ni comment m'y prendre. Je t'ai recommandé d'aller voir ta mère et tu as fait de même avec moi, en ajoutant simplement que sans ma visite, elle finirait certainement par mourir puis pourrir seule dans son appartement, bouffée par les mouches. J'ai avalé ma salive lorsque tu as dit cette drôle de chose. Que je te trouvais crue… Nos mères étaient pour nous deux la même maladresse. Nous étions des filles horribles, incompréhensibles, bizarres, difficiles et froides. Nous avions conscience de nos défauts, mais incapables de faire en sorte d'arranger les relations. Il nous manquait un père, une affection masculine d'homme à fille, de la virilité.

Tu n'es pas allée voir ta mère, mais je suis allée voir la mienne avec une nouvelle tablette de chocolat et un coquelicot. Ma mère m'a répété pour la millième fois qu'il ne fallait pas cueillir les coquelicots puisqu'ils mouraient dès qu'ils étaient déracinés. Elle a toujours trouvé ça triste un coquelicot cueilli. Mais elle m'a tout de même embrassée en me remerciant, et elle m'a proposé du thé blanc. J'ai accepté le thé blanc même si je préférais le thé noir. On manquait véritablement de communication. J'ai proposé de sortir dehors et en passant devant la table, j'ai vu le coquelicot fané, triste fleur rouge abandonnée, mince tige vêtue de pétales aussi fragiles que des lèvres d'enfant. Elle avait raison, un coquelicot cueilli avait une teinte élégiaque. Nous avons marché dans une sorte de grand jardin ouvert aux senteurs de fleurs enivrantes et j'ai été heureuse de me retrouver à ses côtés pendant qu'elle me parlait de sa vie, des vieilles à la piscine, du lait d'ânesse qu'elle s'étalait sur le corps chaque soir, d'un clafoutis à la rhubarbe qu'elle aurait aimé me faire goûter, et de mon père. Mon père, un type pourtant présent le jour de ma naissance, patientant dans un des couloirs de l'hôpital alors qu'il ne supportait pas la vue du sang. Un homme qui devenait du jour au lendemain père d'une fille qu'il ne connaissait pas encore. Il a prononcé une seule fois mon prénom. Et il a eu la peur de sa vie. J'étais peut-être à ses yeux une nouvelle espèce venue tout droit d'une autre planète, alors il a décidé de partir, de nous abandonner, ma mère et moi, et surtout il souhaitait que nous ne lui demandions rien. « Je n'existe pas, d'accord, je n'existe plus… » a-t-il dit précipitamment à ma mère. La chose la plus incongrue qui soit. Il avait forcément participé à ma construction, j'avais bien de lui en moi, donc il existait. Mais non, il s'est retiré et n'a plus jamais revu ma mère. C'est rare, mais il a fallu que ça tombe sur moi, et depuis, enfin depuis ma naissance, j'avais l'impression d'ignorer ce qu'était vraiment un homme. Je ne savais pas comment il pensait ni comment il pouvait considérer une femme. Le premier homme de ma vie a été Barthélémy quand j'avais dix-sept ans. Ma mère en a bien rencontré, des hommes de passage, qui ne font que traverser, qui font croire qu'ils aiment, mais finalement qui n'en sont plus si certains et qui finissent par partir. Rien n'allait jamais plus loin que quelques mois de cohabitation avec eux. Donc j'ai estimé que les hommes n'étaient que des êtres indécis, peureux et étranges, mais très attirants. J'aimais les hommes pour ce qu'ils dégageaient, mais au fond étaient-ils ce qu'ils dégageaient ? La sensualité, la virilité, la passion, la stabilité, le côté rassurant, l'intelligence… Ça a été la question la plus vaste et la plus difficile de mon existence. J'aurais pu disserter des heures sans jamais trouver une réponse claire.

Je ne sais pas ce que toi tu pensais des hommes, parce que tu les manipulais à ta façon. C'était peut-être à eux de se questionner sur le comportement des femmes comme toi, mais ils ne te disaient jamais un mot. Dès qu'ils se lassaient, ils prenaient la fuite comme des voleurs et te laissaient dans cette sorte d'hystérie qu'ils détestaient tant. Les hommes n'aiment pas l'hystérie, car ils ignorent comment la contrôler. Ils ne veulent pas de problèmes, pas de filles agaçantes ou qui s'emportent pour un rien. C'est pour cette raison que tu n'as jamais trouvé l'homme de ta vie, Alexandra, pas parce que tu étais agaçante, mais parce que tu étais tempétueuse et apocalyptique.

Samedi comme prévu, Leonardo est venu me chercher et m'a embarquée dans sa voiture place passager, en me demandant si j'avais assez de place pour mes jambes, si je n'avais pas trop chaud ou bien trop froid, quelle musique je voulais écouter. Oui, non, non, peu m'importe. Je n'osais pas lui parler tellement il m'intimidait. Je le voyais d'une tout autre manière quand je n'étais qu'avec lui, il semblait sûr de lui et imposant, contrairement à son attitude quand tu étais dans les parages. C'était étrange, je ne savais pas comment le considérer, et puis tout le monde devait nous croire ensemble tel un couple heureux, normal, classique, avec le mec qui te passe la main dans le bas du dos et qui te susurre dans l'oreille en commençant chaque phrase par *ma chérie.* Il devait être ce type d'homme. Et la nana qui sourit en le regardant, qui roule des hanches et se déplace à ses côtés avec un aplomb irrésistible. Dans la voiture j'écoutais sa playlist dont je ne connaissais aucune chanson, je tenais collées entre mes cuisses mes deux mains comme une prière, ou comme si j'avais froid, et pourtant je mourrais de chaud. Il descendait sa vitre, la remontait, ajustait ses lunettes de soleil noires, et quelquefois l'air pénétrant dans l'habitacle m'envoyait des effluves de son parfum capiteux, mélangé à celui de son shampooing. Je n'avais pas peur. J'étais simplement absente dans ma présence, je ne savais pas ce que je faisais là et pourtant j'y étais, rien qu'avec lui, à côté de lui. Il avait chargé précautionneusement ma toile à l'arrière, calée et protégée par du papier à bulles. Perdue dans mes pensées, j'ai songé à Charles que je ne voyais plus, comme s'il était une interdiction, comme un panneau attention, comme l'avertissement sur un paquet de cigarettes. Alors qu'il était la perfection. Ça y est, je m'étais persuadée qu'il n'était pas pour moi et que toute cette perfection n'était qu'un énorme danger mortel. Depuis que tu étais revenue, je ne parvenais pas à me détacher de cette idée. Il était passé en priorité sur toi et ça, c'était dangereux. Il n'y avait pas pire trahison que je puisse te faire, cette rencontre était une erreur, une chose à ne plus toucher. Je m'en rendais malade. J'avais si mal en pensant à lui. Je n'avais qu'une envie : le revoir très vite, comme nos yeux se l'étaient dit telle une promesse non tenue.

Je n'ai plus pensé qu'à lui, secrètement. Nous sommes descendus de la voiture de Leonardo et il a déchargé ma toile avec des gestes maîtrisés. Quelque chose creusait mon ventre et s'entortillait autour de mes organes. C'est une femme aux immenses lunettes bleues qui nous a accueillis, très enjouée, comme si elle appréciait démesurément la vie. J'ai toujours été intriguée par ce genre de personnes, toujours très enthousiaste. Mais ça devenait épuisant, et ses yeux sprintaient à toute allure sur nous, sur moi, un sourire en plus, puis Leonardo, moi à nouveau. Elle me regardait beaucoup de la tête aux pieds pendant que je me présentais. Je ne savais pas si j'étais convaincante, alors la meilleure façon était pour moi de lui donner à regarder ma toile. Le bleu me paraissait encore plus violent, plus agressif que les lunettes de la galeriste, je rougissais comme si j'avais un peu honte. J'avais envie de rentrer dans le sol et de n'en plus ressortir. Jamais je n'ai trouvé le temps aussi long que lorsqu'elle détaillait chaque trait, qu'elle reculait pour avoir une vision d'ensemble et qu'elle s'avançait pour calculer l'envergure du portrait. Je n'étais plus là, j'avais quitté mon corps, cette toile n'était plus de moi, elle était mon intimité dévoilée, presque violée, offerte quasiment sans mon véritable consentement. Je me suis laissée faire sans rien dire. Était-ce ce que je voulais vraiment, être là dans une galerie d'art entourée de toiles aussi professionnelles qu'admirables ? À côté j'étais quoi, j'étais qui ? Personne n'avait parlé pendant un temps d'une durée sans doute trop longue. Enfin, la femme à lunettes bleues s'est reculée en inspirant profondément, sans un sourire, sans plus aucune trace de joie sur son visage hâlé.

« Mi Picasso mi Frida Kahlo. »

Elle m'a tirée de mes pensées aussi violemment que si elle m'avait sortie d'une piscine par le bras. Mes lèvres étaient collées, ma bouche sèche comme un désert. J'osais croire que c'était un compliment, je ne voyais pas comment on pouvait le considérer autrement, et dans le même temps c'était si froid, si soudainement distant. Elle m'a regardée par-dessus ses lunettes cette fois, et a décidé de garder la toile. Puis elle m'a demandé mon contact. En repartant, j'ai fixé le portrait de Charles en le remerciant, remerciant Charles. J'aurais aimé le lui dire les yeux dans les yeux. Donc je n'ai pas résisté. Bruno m'a reposée chez moi et je l'ai remercié en premier, je lui ai proposé un verre, il a refusé parce qu'il avait déjà une soirée avec des amis. Alors j'ai allumé une cigarette, me suis mise nue, cherchais une robe longue dans ma penderie, en essayais plusieurs pour au final garder la première. Ma cigarette était terminée quand j'ai tourné la clé dans la serrure. Je ne me suis jamais sentie aussi bien que ce soir-là, je ne pensais même pas à toi, je ne savais pas où tu étais ni ce que tu faisais, j'avais oublié et je ne voulais pas m'en souvenir. En pénétrant dans le bar sombre des visages se sont tournés, j'avais à nouveau dix-sept ans, un flash m'est apparu. J'ai machinalement cherché Barthélémy des yeux, sans savoir pourquoi, mais dès que Charles est apparu dans mon champ de vision, tout s'est éclipsé. J'ai souri pour moi et des frissons se sont soudainement collés à ma peau, mes poils se sont levés comme des pousses de blé. J'avais sur ma tête un chapeau noir qui semblait me donner de l'assurance, je me sentais élevée avec lui. Tu avais le même, que tu n'as d'ailleurs jamais mis. Tu n'aimais pas les chapeaux, tu disais que ta tête ne se mariait pas avec ce genre d'accessoires, que ça n'était pas ton style. Pourtant tu l'as toujours gardé en souvenir de nos dix-huit ans.

Je me suis approchée du bar et comme s'il avait senti ma présence, Charles s'est retourné et m'a souri. Il avait l'air heureux de me voir, à ses pupilles pétillantes et ses mots qu'il m'envoyait par-dessus la musique. J'ai commandé un cocktail et attendu le temps qu'il le prépare lui-même. J'observais ses gestes précis, rigoureux, appliqués, minutieux, gracieux, sa main habile qui serrait le couteau pour couper les morceaux de fruits, ses doigts agiles qui s'emparaient des différentes bouteilles, son visage pratiquement à hauteur du verre pour doser au mieux. Il me l'a tendu en m'intimant qu'il me l'offrait. Une porte donnait sur une terrasse ensoleillée et pleine de monde, je m'y suis alors installée seule sur un haut tabouret, ajustant mon chapeau noir et ayant tout à coup une pensée pour toi. J'avais un peu l'impression de te trahir, te trahir d'une chose sur laquelle je ne parvenais pas à mettre de mot. J'ai décidé de ne pas t'en parler, de ne pas t'avouer que j'étais éprise d'amour pour Charles parce que tu n'aurais pas compris, encore une fois. Tu ne comprenais pas les gens amoureux et toi-même tu ne l'as jamais vraiment été. Il me semble que tu as rarement fait l'amour à un homme. Ou quand cela t'arrivait, tu regrettais immédiatement parce qu'à la fin tu te rendais compte que tu n'étais pas amoureuse. Tu n'allais pas vers les gens, comme Gainsbourg, tu aurais pu être sa fille, tu attendais que les autres viennent à toi. Ceux qui te voulaient devaient te le prouver, et peu nombreuses étaient les personnes qui restaient.

Sur la terrasse du bar, quelques hommes me regardaient et je m'en fichais. J'étais dans l'état second de quelqu'un qui est aveuglé par une seule et unique personne. Lorsqu'il a eu un moment, Charles est arrivé avec son torchon sur l'épaule, essuyant une table au passage. Le vent chaud s'est levé et m'a enveloppée pendant qu'il s'asseyait en face de moi. Il a posé son menton dans sa paume sans rien dire, il n'y avait pas besoin de parler, on n'en avait pas le courage, l'atmosphère était trop chargée pour trouver le souffle. Il a fini par dire qu'il n'a attendu que ça, que je revienne. Il commençait à croire que je ne voulais plus le voir, ou que j'avais déménagé sans le prévenir. Et moi je lui ai dit que j'étais là, plusieurs fois je lui ai dit « je suis là », comme une confidence. Lorsque son service était terminé, il m'a invitée à sortir et nous avons beaucoup fumé. Il fumait encore plus que moi et je me suis laissée aller dans les volutes de tabac. Je suis tombée encore plus amoureuse à partir du moment où j'ai découvert que Charles était imparfait. J'ai toujours attribué à son image la plus sublime perfection, mais en passant une soirée avec lui sa nature s'est révélée. Et j'ai aimé cette nature. Plus nous fumions et plus c'était beau, j'oubliais tout, j'étais avide de lui et pleine de légèreté. Lui il adorait mon chapeau noir, il n'arrêtait pas de me le dire en passant timidement d'abord, puis avec plus d'aplomb, sa main dans le bas de mon dos. Le geste masculin que je préférais, que j'avais découvert en premier dans ma vie de femme amoureuse. Barthélémy l'avait fait, et il m'avait retourné l'estomac. Je perdais un peu mon sourire quand j'y pensais, parce que Barthélémy se superposait trop souvent à l'image de Charles, il lui ressemblait avec ses cheveux noirs et épais, bouclés et insolents. Mais j'ai finalement remarqué que Charles avait une discrète cicatrice sur la joue et une mâchoire plus carrée. De près il n'était pas pareil que de loin. Il avait de si longs cils qu'on aurait cru qu'il venait juste de pleurer et que les gouttes les avaient perlés et épaissis. Sur son visage il avait quelque chose de féminin, quelque chose de si attirant qu'il aurait pu plaire aux hommes. C'était inqualifiable chez lui. C'était tout à fait unique, je n'avais jamais vu ça. Il aurait pu être homosexuel, mais non, il aimait les femmes, il me regardait, moi, avec ses yeux d'homme et son quelque chose de féminin. Quand il fumait, le tabac troublait son visage, j'essayais d'en deviner et d'en rechercher les traits dans l'obscurité sans réellement y parvenir, et cette activité me fascinait. Je n'écoutais rien de ce qu'il me disait, et puis de toute façon je n'entendais pas toutes ses phrases tellement elles étaient douces et basses. J'avais juste les yeux rivés, accrochés et plantés comme des griffes de chat sur sa peau. Je ne m'en défaisais plus. Nous avons dansé dans le sous-sol moite d'un bar, dans les effluves de transpiration des autres, dans la provocation des femmes, dans la frivolité des hommes, entre les corps poisseux, dans l'atmosphère dégueulasse de l'alcool transpiré, il faisait trop chaud et il était très tard, voire très tôt. Je n'imaginais pas passer une telle soirée à ses côtés, je ne pensais pas qu'on transpirerait ensemble sans même faire l'amour, j'imaginais sûrement un endroit immobile où les conversations se seraient tranquillement étalées dans la paix de la nature et non pas dans l'encombrement des gens. Mais j'étais bien ici et il me semblait que lui aussi. Rien ne pouvait être mieux que nos corps qui bougeaient en se frôlant parfois maladroitement. Il osait, je ne le repoussais pas, il reculait avant de revenir tendrement, j'étais plus réservée, je n'allais dans sa nuque qu'avec le bout des doigts, mais lui il approchait son visage, il me soufflait dans l'oreille en humidifiant mes cheveux de sa respiration tiède. Nous n'osions cependant pas nous embrasser, non, on s'accrochait simplement au désir, il laissait ses lèvres instinctives s'aventurer dans le coin des miennes et il n'allait jamais au-delà, ça briserait tout. Une fois qu'on s'embrasse, ce n'est plus pareil, ce n'est plus le même désir, et nous semblions ne pas vouloir de cela. S'embrasser c'était trop sérieux, se prendre dans les bras aussi, alors on y allait par touches successives et légères, on se laissait électrocuter furtivement et ça nous faisait presque rire. Son sourire se collait à mon oreille tandis que mon nez caressait son cou, son long cou, son cou mat, praliné.

Alexandra, ce soir, je n'étais plus la même. J'ai fait le deuil de notre amitié en me disant que si je ne comptais plus pour toi, alors toi aussi tu ne comptais plus. Tu avais disparu et je ne m'en voulais pas. J'ai tout perdu, mais je l'ai gagné, lui, j'ai été frappée par le sentiment amoureux, pour de vrai, ça m'était arrivé à moi. Je ne te détestais pas parce que j'en avais aucune raison, c'est moi qui avais décidé pour une fois que tout s'arrêterait entre toi et moi. On s'empoisonnait, non ? Où nous aurait menées notre toxicité ? Je ne sais pas si j'ai été raisonnable ou irrationnelle à cet instant, je n'y ai pas réfléchi sur le coup, Charles était mon esprit. On s'ensorcelait de désir et d'inconscient. Toi et moi étions le goût moisi d'un vin bouchonné.

Il m'a raccompagnée jusqu'à la porte de mon immeuble et nous ne nous sommes pas embrassés. Dans le silence de la nuit, notre timidité prenait le dessus, pourtant il en avait très envie, je le voyais, mais il n'osait pas, il n'osait plus. Il se disait peut-être *une prochaine fois*. J'ai presque été déçue, j'ai voulu qu'il m'embrasse là, virilement, mais je ne lui en voulais pas. Ce serait pour une prochaine fois. Il est parti après m'avoir longtemps regardée, il n'avait plus de voix, et j'adorais sa voix cassée d'homme qui avait besoin de se racler la gorge. Elle était belle sa voix intime, cassée, d'un coup rugueuse et délicieuse à la fois. Il ne faisait que me surprendre.

Les fenêtres sont restées ouvertes dans l'appartement pendant que je dormais, sur ma peau était collée l'odeur de notre soirée. Je ne voulais plus me laver, mes muscles pesaient trop lourd, j'étais au bord du malaise, j'ai vomi puis j'ai bu un verre d'eau qui m'a écœurée, j'ai eu mes règles, et je me suis endormie profondément dans la position d'une morte qu'on n'avait pas encore enterrée. Il me semble avoir pensé à toi avant de sombrer, oui c'est ça, je me suis demandé ce que tu faisais, si tu buvais, si tu faisais l'amour ou si tu voulais te tuer. J'ai eu une vision de toi assez dramatique. J'avais l'impression d'avoir à la place des pupilles un filtre halluciné, en noir et blanc, avec des ondulations de partout, de grands écrans qui s'éteignaient et se rallumaient d'un seul coup. Finalement plus j'essayais de t'oublier, plus tu t'incrustais dans ma mémoire. Tu étais impossible à oublier. Tu étais ma drogue dure, mon champignon hallucinogène.

Chapitre 3

Quand j'imagine ma mère enfant, je vois une petite fille dans un jardin un après-midi caniculaire où le soleil semble noir et l'herbe sèche sous ses sandales. Elle est calme, elle prend des coups de soleil sans s'en rendre compte, son corps est fin, ses mains minuscules, elle regarde les fleurs déshydratées, elle s'accroupit sur la terre, elle est concentrée, elle observe, elle analyse, elle photographie dans sa tête. Elle cueille des fleurs, en retire leurs pétales un par un, très lentement. Déjà petite, elle a sa fine frange qui recouvre son grand front, son front qui l'a toujours complexée et qui fait pourtant son charme. C'est une jolie fille qui pleure tout le temps, trop sensible, dit-on, une fille qui se laissera marcher sur les pieds. Ses parents travaillent beaucoup, alors pendant ce temps elle joue dehors seule les longues journées d'été, sous le soleil noir. Elle a un grand frère, ma mère m'en a beaucoup parlé. Anthony. Mon oncle. Anthony est un garçon solitaire lui aussi. Deux enfants exemplaires, bien élevés. Mais Anthony s'ennuie dans sa vie de jeune adolescent, surtout l'été. Il n'aime pas l'été. Il n'aime pas sa sœur non plus. Ce qu'il aime le plus Anthony, c'est faire craquer ses phalanges, il lèche son sang quand il se blesse et il perce ses boutons. Il parle peu, il garde tout pour lui, il se prend des ballons dans la tête à cause de ses camarades et il ne dit rien, on le pousse, il dit pas grave, on l'insulte, il ne répond pas. Il n'est pas méchant devant les autres, mais sa colère éclate quand il est seul, dans sa chambre ou dans le jardin quand sa sœur n'y est pas. Il marche sur les fleurs, il creuse la terre avec son pied, son sang devient très chaud. Il est nerveux, Anthony, tout le monde le dit. Au bout d'un moment, il vrille. Il veut se venger de ses camarades, alors il élabore le plan le plus stupide au monde : tous les tuer. Ma mère le suit et le découvre guettant derrière un mur avec un couteau du tiroir à couvert. Quand il la voit, il lui dit que si elle parle il la tue. Il mime une lame horizontale avec son pouce tranchant sa gorge. C'est bien simple, il veut tuer tout le monde, même ceux qui n'ont rien demandé. Il dit qu'il ne veut plus d'emmerdes, c'est lui qui les emmerde à présent. Le pire étant qu'il se met à courir vers l'un de ses agresseurs quotidiens et lui plante sans réfléchir le couteau dans une côte. Le garçon hurle dans tout le village tandis que les autres se mettent à courir. Anthony lâche le couteau et part dans l'autre sens pour se cacher. Il restera traumatisé toute sa vie, deviendra boulimique et ne s'en remettra jamais.

J'ai vu mon oncle pour la dernière fois quand j'avais douze ans et j'ai trouvé qu'il faisait peur avec ses cernes et son gros corps d'ours. Je me souviens qu'il était assis sur une chaise et qu'il mâchait lentement du pain. Ça n'en finissait pas, il salivait la mie en permanence, il effectuait le même roulement de mâchoire, c'était hypnotisant, et il regardait droit devant lui comme s'il fixait un point très loin. Il n'avait rien dans les yeux, aucun sentiment, un vrai fantôme. Il avait pris du poids à cause du stress, me disait ma mère. Elle était mal à l'aise avec lui, ils ne se parlaient pas beaucoup, comme s'ils ne se connaissaient pas. Elle devait être tellement triste quand il écrasait les fleurs du jardin. Ça se voyait qu'il lui faisait de la peine et qu'elle ne savait pas comment s'y prendre. J'y ai beaucoup réfléchi, et j'en suis venue à me dire qu'elle avait peut-être peur des gens à cause de son frère, qu'elle restait sur la réserve même avec moi parce qu'au fond elle était traumatisée. Elle n'osait jamais trop sourire aux gens, elle riait difficilement, comme si ça venait toujours de très loin. Au début je la croyais timide, mais je me suis aperçue qu'elle ne faisait confiance à personne, qu'elle détestait l'extraversion, l'alcool, la cigarette, la nourriture grasse, les insectes, la poussière, le produit vaisselle qui reste dans le fond du lavabo, les embouteillages, les rassemblements de personnes, les rires trop hauts, les mots tout bas, l'orage, le sang, le craquement des articulations, le brouillard les matins d'hiver, les yeux des chats quand ils étaient fixes. Son corps était le reflet du traumatisme de sa vie, ses genoux un peu rentrés, ses épaules frêles, ses petites mains qu'elle ne déliait jamais, son gilet fin, ses lèvres plissées. J'osais à peine la serrer dans mes bras tellement elle semblait avoir peur de la vie. Elle n'avait jamais rien dit pour le couteau, il lui restait ce poids qui persistait sur sa poitrine. L'affaire n'a connu aucune suite, elle ne sait pas ce qu'est devenu le garçon, il n'a rien dû dire lui non plus. Anthony faisait peur à tout le monde.

Tu devais lui faire peur, Alexandra, à ma mère. Tu étais trop débordante comme fille, trop extravertie, trop instable, trop extrême, trop caractérielle, trop inconsciente. Elle ne me l'a jamais dit, mais j'ai fini par deviner qu'elle avait de la crainte pour moi. Tu aurais pu avoir mauvaise influence ou me faire du mal, me manipuler, me tuer peut-être. Elle cherchait toujours à te fuir quand tu étais près de moi, elle ne te regardait pas dans les yeux, elle te posait quelques questions par politesse, comme ça, en l'air, sans vraiment te les adresser. Vous étiez gênées toutes les deux, vous vous scrutiez quand l'une avait le dos tourné, je vous voyais faire. Et moi j'étais entre vous. Bancale et pétrifiée. Tout le monde te redoutait, Alexandra. Tu paraissais être la fille qu'il ne fallait pas regarder de travers, la fille qui souriait peu, à part quand elle était très détendue, la fille qu'on ne draguait pas parce qu'elle avait l'air aussi pénible qu'hystérique, celle qui était jalouse, celle qui ne voulait pas parler aux autres, celle qui se mettait volontairement à l'écart pour faire comprendre que le monde entier l'emmerdait. C'est pour ça que je t'aimais, pour cette part solitaire, ce côté discret et replié quelquefois. Puis j'aimais ta dévergondante personnalité qui te faisait tout le temps sourire et rire un peu bêtement de tout et de rien. Je crois ne te l'avoir jamais dit, mais j'adorais ton rire. Il claquait comme un vent brutal et il était pourtant agréable, naturel, cuivré. Je détestais juste celui de ton sarcasme, le rire faux qui raclait la gorge, écorchait les oreilles et rabaissait. Autant tu pouvais t'éloigner des autres, autant tu t'immisçais parmi les autres. Ça dépendait des jours, de ton humeur. Je n'aimais pas quand tu devenais extravertie parce que tu étais ingérable, tu n'écoutais plus rien, tu parlais et tu ne t'arrêtais pas. Quand tu te faisais remarquer, tu m'oubliais, je n'étais plus assez comme toi, je ne te suivais pas, ça t'énervait et tu me le disais. Je regardais les autres qui t'observaient, toi tu ne voyais rien ni personne, tout était étrange et ridicule. Une gêne sans nom.

Un jour nous nous sommes vues, toi et moi, après quelques temps sans s'être donné de nouvelles. On s'est manqué même si on ne se le disait pas, pourtant nous étions froides et distantes l'une envers l'autre, un peu sans raison, et c'est ce qui était le plus triste. La vie nous éloignait peu à peu et nous n'y pouvions rien. J'avais tellement envie de te retrouver, Alexandra. Je voulais qu'on soit à nouveau deux, je m'apprêtais à te le dire ce jour-là, mais je t'ai laissée commencer, parce que tu avais quelque chose de trop important qui te pesait, comme jamais rien ne t'avait rendue aussi malade. Je ne me doutais de rien. Tu as commandé un cocktail avec de l'alcool, j'ai pris le même sans réfléchir. On a beaucoup regardé autour de nous sans nous parler, j'attendais. Tu avais des boutons partout sur la figure, ta mine était grise et fatiguée, tu n'avais pas dormi, tu n'étais pas lavée, tu étais habillée en vrac. Ton tee-shirt était à l'envers, mais je n'ai pas osé te le dire. Tu as eu envie d'aller aux toilettes et au passage tu as failli trébucher dans le pied de chaise d'une fille, sur la terrasse, une fille qui t'a regardée d'une manière étrange, un peu hautaine, comme tu détestais. Tu détestais tellement ce regard que tu t'es approchée d'elle et tu l'as agressée : « C'est quoi ton problème connasse ? Pourquoi tu me regardes comme ça ? » Apparemment la fille avait du caractère, peut-être autant que toi, alors elle s'est levée, et je me suis levée à mon tour, je t'ai attrapée par le bras et tu es devenue rouge de colère. Je ne sais pas ce qui t'a pris, tu bougeais dans tous les sens, tu lui disais n'importe quoi, des choses violentes qu'elle ne méritait sûrement pas. Tu as dit : « Je vous hais les nanas avec vos regards qui jugent constamment ! » Tout le monde nous regardait. Tu avais l'air d'une alcoolique. Je t'ai emmenée aux toilettes et là tu es restée figée face à ton reflet dans le miroir. Mille pensées paraissaient envahir ta tête, tu allais exploser, je le voyais, j'ignorais quoi faire, je voulais te venir en aide et moi aussi je réfléchissais. Qu'est-ce que j'aurais fait avant, pourquoi tu es comme ça, qu'est-ce que tu as, mais dis-moi, ne reste pas comme ça, ne me laisse pas comme ça, parle-moi, Alexandra parle-moi ! Tes yeux faibles ont échappé des larmes. Tu as dit quelque chose que je n'ai pas perçu, c'était quelque chose d'important, je le savais, mais je n'ai pas entendu, ta voix était trop fine.

« Quoi ?

— JE SUIS ENCEINTE ! »

J'ai reculé parce que tu as hurlé. Tes mots m'ont agressée. Je ne savais pas s'il fallait que je me réjouisse ou que je compatisse. Quand tu m'as vue immobile, tu m'as prise dans tes bras d'une manière extrêmement délicate.

« Je ne veux pas de cette horreur en moi, je ne veux pas de ce corps. »

Les lumières des toilettes se sont éteintes et nous sommes restées sans bouger. Dans le noir, tu m'as dit que le père était l'Africain, c'était forcément lui. Tu m'as dit que c'était trop tard. Tu t'en étais rendu compte la semaine précédente parce que tu n'arrêtais pas de vomir et que tu avais pris du poids, ta peau était affreuse, ton humeur exécrable.

Tu étais comme ta mère malgré toi. Tu suivais le même chemin. Ton enfant serait un accident, tu n'en as jamais voulu, tu me l'as toujours dit. La première fois, tu me l'as confié quand on avait dix-sept ans, à l'ombre d'un arbre vers le portail du lycée. Tu as dit : « Je n'*en* aurai jamais, et si ça m'arrive je me tue. » Tes lèvres étaient restées entrouvertes et ne bougeaient plus, comme si elles s'étaient statufiées dans ces derniers mots : « Je me tue. » Tu pensais que tu n'aurais jamais la fibre maternelle, tu n'étais pas faite pour ce rôle, tu voulais vivre ta vie sans dépendre d'un enfant ni devoir le protéger, l'assumer, le nourrir, l'emmener à l'école, le faire vivre, lui assurer une vie sereine, lui dire je t'aime, l'habiller, le laver, lui parler, le faire rire. Un enfant c'était ton pire cauchemar. Tu étais tellement mal que tu ne pouvais t'empêcher de boire. L'alcool te faisait oublier à la fois le temps, l'âge, ta vie, notre amitié, ta mère, ton caractère, ton mal-être. Tu étais ce genre de fille qui n'a jamais été bien dans sa peau, qui s'attirait toujours les problèmes. Moi j'ai éternellement pensé que ta mère en était responsable, elle te disait que sa vie aurait été plus simple si tu n'avais pas existé.

Ta mère avait dansé quelques années dans un cabaret, elle était douée et très séduisante, tous les hommes étaient fous d'elle. Elle le savait, elle les accumulait. On la traitait de salope. On la salissait. Petite tu l'accompagnais souvent quand personne ne pouvait te garder. Vous habitiez en ville, toutes les deux, avant de déménager en montagne quand ta mère a perdu son travail. Tu l'admirais, ta mère. Tu voulais devenir comme elle. Elle te faisait croire que tu avais la vie dont rêvaient toutes les petites filles, que les autres étaient jalouses de toi, qu'elles te feraient toutes du mal dans ta vie et qu'il fallait que tu apprennes à t'en défendre seule. Ta mère gagnait de l'argent, mais t'achetait peu de choses, car elle dépensait tout dans l'alcool. Les serveuses du cabaret t'aimaient bien et t'offraient toujours des jus de pomme quand tu venais. Elles restaient près de toi pour te surveiller, elles te parlaient, te caressaient les cheveux et te demandaient comment se passait la vie avec ta mère. Une fois, elles ont voulu savoir où était ton père et tu leur as répondu qu'il était mort en Afrique en voulant sauver les animaux sauvages. Il t'a toujours manqué une présence masculine dans ta vie, alors tu ne savais pas ce qu'était l'amour pour les hommes. Tu prenais tous ceux qui venaient à toi, tu te laissais aller, et pour la première fois la vie t'a piégée comme ce à quoi tu ne t'attendais pas. C'est violent de tomber enceinte quand on ne l'a pas choisi, quand on a décidé que son corps de femme n'enfantera jamais, que ça ne nous tombera jamais dessus. Ça t'est arrivé à toi pourtant, tu as pris une gifle, tu en auras d'ailleurs toujours la marque.

À nouveau tu étais ma priorité. Et en même temps j'avais très envie de ne penser qu'à Charles. J'avais l'impression de devenir égoïste quand j'y songeais, je culpabilisais. Depuis que tu me l'avais annoncé, que tu étais enceinte, tu étais différente, tu n'étais plus la même.

D'abord tu ne mangeais plus, l'alcool était ta suffisance. Tu as par la suite dangereusement maigri, tout a séché, il ne te restait sur les os que ta peau blanche, presque translucide. Tes cuisses étaient si maigres qu'elles en étaient devenues terrifiantes et ton sourire avait totalement disparu. Tu étais triste, tu buvais pour oublier, tu pleurais et tu ne t'arrêtais pas. Tu me faisais peur et je te le disais. Toi, tu me répondais que ton corps t'appartenait et que tu t'en foutais de ce truc dans ton ventre. Ta violence te bouffait. Intérieurement, je savais que tu ne l'avouerais jamais au père, déjà parce que tu n'avais aucun moyen de le contacter, ensuite parce que tu te disais très certainement qu'il avait déjà sa vie en Afrique, une femme et des enfants, et qu'il ne se souviendrait même plus de toi. Je t'ai accompagnée pour ta première échographie, à l'hôpital. Tu t'écartais de toute personne qui nous croisait, tu regardais les gens de bas en haut, tu te rongeais les ongles, tu ne parlais pas, tu faisais peine à voir. Lorsque la sage-femme nous a fait entrer, elle t'a beaucoup détaillée, elle a dû juger ta maigreur, mais n'a rien dit. Elle souriait en permanence, elle nous regardait droit dans les yeux, je l'ai trouvée rassurante.

« Et le père ? a-t-elle prudemment demandé, d'une voix lente.

— Il… Il ne peut pas venir.

— Et les prochaines fois ?

— Non plus. »

Elle a hoché la tête, compatissante. On s'est observées toutes les trois, je lui ai souri, elle m'a souri, tu avais le regard dans le vide. La sage-femme a compris à quel point tu avais peur, alors elle a commencé à te lister oralement chaque étape de la grossesse, puis elle s'est arrêtée au moment où tu étais censée accoucher, car elle ne t'a pas sentie à l'aise. Nous sommes parties de l'hôpital.

« Je ne peux pas. C'est pas possible, il faut trouver un moyen d'arrêter le processus, là, là-dedans. »

Par hasard nous avons croisé ta mère transpirante sur le parking, elle allait au rendez-vous pour ses articulations, il me semble. Ancienne danseuse, forcément. Elle t'a dévisagée. Elle avait très envie de partir, ça se voyait. Vous vous êtes regardées comme deux chats meurtriers. À ce moment précis tu m'as clouée sur place. Tu as avoué à ta mère que tu étais enceinte. J'ai cru qu'elle allait faire une attaque. Tu enfonçais le couteau dans la plaie, encore et encore, tu lui balançais à la figure tout le venin qui circulait en toi.

« Et j'en veux pas de cet enfant. Tu sais pourquoi ? Parce que moi-même je n'étais pas censée venir au monde. Tu me rejetais depuis le début. J'ai pas envie de devenir comme toi, une mère lâche qui regrette sa vie d'avant, sans enfant. Cet enfant il ne ressentira aucun amour de personne, il sera tout le temps seul, il n'aura même pas de père, il aura juste une mère qui ne lui dira jamais qu'elle l'aime, parce que le pire étant que ce sera vrai : je serai incapable de l'aimer. Je ne sais pas faire, je ne suis jamais tombée amoureuse, je suis détestable et… je n'ai que Marjorie en fait. »

Tu as mis ton avant-bras devant ta bouche, tes yeux étaient rouges, tes sanglots te brûlaient la gorge, tu voulais t'enfoncer dans le sol, ou partir. Ta mère voulait sûrement mourir et moi j'étais incapable d'intervenir. Ta mère n'a rien trouvé à dire et ça a semblé te décevoir encore plus.

« Tu vois j'avais raison, t'es lâche », lui as-tu finalement dit.

J'ai retenu l'image de cette femme qu'était ta mère à ce moment. Elle faisait presque de la peine dans sa petite robe blanche mouillée aux aisselles, les épaules fragiles comme celles de ma mère, sa déréliction et son cœur peut-être bifide. Ce qui a suivi ne m'a pas plu. Tu m'as attrapée par le bras en me serrant très fort et tu nous as tirées loin d'elle, tu m'as obligée à te suivre, tu as décidé où je devais aller, tu ne m'as pas demandé mon avis, tu m'as traitée comme un chien. Mon bras avait encore la marque rouge de tes doigts serrés, une pression m'ankylosait comme le brassard d'un médecin, et j'ai compris que tu me ferais toujours pression, même quand tu ne me tirais pas par le bras. En ouvrant la porte de ton cabriolet, tu m'as regardée, surprise de ne pas me voir faire de même. Je n'avais pas envie de monter avec toi, je voulais prendre un taxi.

« Qu'est-ce qui t'arrive là ? C'est quoi le problème ?

— Rien. Je vais prendre un taxi, c'est tout. »

Je commençais à partir, mais tu m'as courue après et tu m'as attrapée par les épaules telle une gamine qui se précipitait vers la route. Je t'ai dégagée violemment, tu insistais, tu t'énervais, tu avais encore les yeux rouges.

« Arrête, laisse-moi, je vais rentrer en taxi, je te dis.

— Qu'est-ce que j'ai fait ? Oh ! Dis-moi, qu'est-ce que j'ai fait ?

— Arrête, putain Alexandra, arrête ! Dégage ! »

Moi-même je n'en revenais pas. Toute ma colère formait une grosse boule que je voulais te balancer pour t'assommer. Comme une envie de meurtre. Tu n'as plus bougé quand je me suis dégagée de ton emprise. Tu as d'abord reculé, j'avais une mèche de cheveux coincée entre mes lèvres palpitantes, tu reculais encore et tu as fini par tourner le dos, monter dans ta voiture et démarrer en trombe. J'ai marché un peu, le temps avait tourné, le vent s'était légèrement levé. Un taxi s'est arrêté. En y entrant l'odeur de tabac m'a alléchée, je me suis assise sur le siège et la voiture a démarré. Les premières gouttes se sont écrasées sur la vitre, le chauffeur a dit qu'il faisait lourd, tout l'été serait comme ça, caniculaire et orageux. Je hochais la tête et me forçais à sourire malgré le tremblement de mes lèvres.

« Vous m'avez l'air timide, ma chère, a-t-il dit un moment. Ou alors vous êtes triste.

— Les relations humaines, vous savez.

— Je sais bien. Faut pas trop s'attacher non plus, pas trop se dévoiler, toujours se protéger, et surtout jamais se laisser manipuler. C'est pire que tout. »

Ça sentait l'expérience. Il n'a plus rien dit après cela. Je l'ai payé et suis sortie. Je me rendais au cinéma malgré que j'étais en avance, je commençais à quatorze heures. J'ai tourné mécaniquement la tête vers le bar et j'ai vu Charles qui m'observait en fumant sa cigarette. Il l'a jetée sur le trottoir, l'a écrasé de sa semelle, puis il est venu vers moi, très proche. Il regardait toujours chaque angle de mon visage, d'abord les yeux, profondément, très longtemps, ensuite le front qu'il balayait du regard jusqu'à descendre la longueur de mes cheveux, il s'attardait sur la joue, passait sur mon nez, atteignait l'autre joue, là il sillonnait ma mâchoire et remontait soudain sur les lèvres. Il suivait leur mouvement des yeux, et enfin il perçait mes pupilles à nouveau. Il arrivait à faire ça tout en parlant. Et je le regardais sans trop l'écouter, mais là j'ai retenu qu'il me proposait d'aller manger un midi ou un soir au bord d'un canal, ensemble, on emporterait une glacière et deux couvertures pour se poser dans l'herbe, à l'ombre ou au soleil, comme je voulais, et puis de toute façon on verrait directement sur place, est-ce que ça me branchait ? Je lui ai répondu que j'acceptais avec grand plaisir. Il a dit : « Cool ». J'aimais bien quand il disait *cool*, même ce mot dans sa bouche était élégant, doux, un brin reggae aussi, avec ce hochement de tête et ces o qui s'étendaient et sonnaient en *ou*. Nous avons conclu pour un midi, un samedi midi parce que les dimanches c'est toujours un peu déprimant, et on verrait bien pour la suite.

Au cinéma le ventilateur brassait inlassablement l'air moite, soulevait dans une légèreté absolue les cheveux d'une des caissières, avec des lunettes et une petite coupe lisse, carrée et châtain clair. Parfois quand elle préparait trop pour ses repas elle m'en proposait, souvent des salades de tomates au persil. Elle ne semblait se nourrir que de tomates. Je la remerciais toujours chaleureusement en acceptant pour ne pas la vexer, mais à part cela nous échangions peu de mots. Elle n'aimait pas parler. Son visage était chaque jour pareil, il ne bougeait pas, ses cheveux non plus, jamais sales ni gras, à croire qu'elle les lavait tous les soirs. Ses lèvres formaient constamment une sorte de sourire vide, ses paupières clignaient peu. Elle ressemblait assez à un robot, en fait. Elle ne faisait pas de vagues, pas grand monde au cinéma la connaissait et en général dans ce cinéma on ne communiquait guère. On se disait bonjour ou au revoir, on échangeait de futiles questions sur le travail, les tickets, les nouveaux films à l'affiche, les machines de pop-corn à remplir, les stylos à ranger pour éviter toute perte de temps. C'était froid comme ambiance. On avait tous à peu près le même âge, fin vingtaine approche trentaine, et on n'avait rien à se dire. Soudain, le fait de travailler ici me démotivait férocement et me donnait envie de partir, de chercher autre chose. En attendant, j'étais près de Charles et de chez moi, j'avais des horaires convenables, je pouvais voir tous les nouveaux films et pleurer en même temps que les spectateurs dans la cabine. C'était tout de même fade. En plus, je pensais à toi et te détestais. Ma colère devenait physique. Ce matin-là quand tu m'as tirée à toi de toutes tes forces, comme si je t'appartenais, j'aurais sans doute été capable – si j'avais rassemblé toute ma rage –, de faire une connerie, te cogner, te pousser à t'en faire tomber, t'insulter comme toi tu le faisais avec tout le monde. Pour la première fois j'ai ressenti l'envie de cogner pour te faire mal à toi, rien qu'à toi, pour que tu t'en souviennes, que tu me lâches, que tu pleures, que tu aies une marque de ma violence sur toi, pour que tu me laisses respirer, que tu me laisses partir, courir loin de toi, t'abandonner avec ce début de vie dans ton ventre que tu n'as pas choisi. J'aurais voulu que tu en baves, que tu te retrouves seule parce que je t'aurais dit que tu ne méritais que ça : être seule.

Chapitre 4

Les hommes font aussi peur qu'une perte de virginité, que les premières règles, que tout ce sang qui coule, que la majorité, qu'un discours devant le monde. Ils font peur comme le monde, comme la route et les fonds marins, peur comme les cauchemars. Pourtant, ils sont exceptionnels et obsessionnels. Samedi midi, je n'avais même pas chaud, ni froid, j'étais comme dans un état d'amour. Le ciel était étrange, le temps ni beau ni laid, le canal calme et gris. Assise à côté de Charles, sur ma couverture, je le regardais parler, j'avalais chacune de ses paroles, et lorsqu'il me regardait par moment, comme pour voir si je suivais toujours, il me déstabilisait. Il le savait et alors il insistait en disant : « Tu vois ? » Ses yeux s'arrondissaient un peu, ils étaient bleus comme dans un film de Tim Burton, l'herbe d'un vert si pure qu'elle m'aurait fait vomir. Il mangeait des noix de cajou qu'il faisait croquer très lentement sous ses dents, il faisait une pause pour en avaler les morceaux concassés, sa pomme d'Adam se soulevait, il me regardait, et il reprenait. Au bout d'un moment, il s'est tu. Un bateau passait, nous le regardions passer avec intérêt, jugeant sa massivité et ses hommes qui s'affairaient. Les yeux plissés, je constatais que les nuages étaient d'un éclat religieux devant le soleil. Il n'y avait personne autour de nous. Me retrouver seule aussi proche, presque dans cette sorte d'intimité comme si rien n'était plus naturel, creusait dans mon ventre un grand vide. Je regardais devant moi et mes yeux devinaient malgré tout son visage qui se tournait vers moi, plein de discrétion. Il me calculait, il m'observait, mon visage se crispait.

« Vous vous connaissez depuis longtemps avec Alexandra ?

— Depuis le lycée, oui. »

Il a hoché la tête, s'est allongé en se posant sur un coude, et s'est mis à regarder dans la même direction que moi.

« C'est mystérieux entre vous.

— Pourquoi tu dis ça ? ai-je renchéri en me tournant vers lui.

— Je sais pas. Tu es tellement différente quand elle est là, avec toi. Au bar l'autre jour. »

J'attendais une suite qui ne venait pas, ses lèvres s'étaient fermées et il me regardait à présent, l'air assez grave. Je n'avais pas envie de parler de toi. Même absente, tu t'immisçais dans mes relations.

« Excuse-moi. Je disais juste… comment dire… vous avez l'air de vraiment compter l'une pour l'autre.

— C'est compliqué en ce moment, c'est plus pareil qu'avant. »

Soudain ma voix s'est mise à trembler, vriller comme une corde sensible. Un vague-à-l'âme m'a envahie. Je t'ai revue jeter tes chaussures et embrasser les deux hommes devant le bar, puis rire et danser au milieu de la route. Tu étais belle ce soir-là, je t'ai adorée, tu avais le sourire, tu avais l'air bien, avec moi, ensemble comme deux adolescentes pas encore finies. Ensuite, je ne sais pas ce qui s'est passé dans nos têtes, nous sommes devenues de vraies femmes. Tu es partie en Afrique, tu n'as plus jamais souri, tu as découvert que tu étais enceinte et c'est notre amitié qui a arrêté de tourner.

« Laissez-vous du temps », a fait Charles.

Il avait raison à ce moment, et puis j'ai compris quelques années plus tard que ce temps qu'il fallait qu'on se laisse représentait le reste de nos vies. Il a compris que parler de toi me rendait triste, alors il m'a proposé une part de crumble qu'il avait fait. Il cuisinait bien. Je laissais chaque morceau fondre dans ma bouche. Une bête randonnait le long de ma jambe et avant que j'aie pu réagir, Charles l'a chassée du bout des doigts, naturellement. La chaleur de sa peau m'a électrisée. Le vent s'est levé comme ces derniers jours depuis une semaine, les nuages n'étaient plus que des formes massives et sombres qui encombraient le ciel. J'adorais ce moment, lorsque le temps changeait et devenait menaçant. La lourdeur nous rendait moites, le monde s'écrasait. Nous nous sommes allongés dans l'herbe tandis que je sentais sur mes paupières ce léger voile humide. J'avais chaud, j'ai fermé les yeux, je ne bougeais plus, mon corps n'avait aucune force, je m'abandonnais là et Charles n'était pas loin, nos bras pouvaient presque se toucher. Et quand la fraîcheur tomberait, on aurait la chair de poule. Nos poitrines se soulevaient quasiment en même temps, à une seconde près, je l'entendais. Il me semble que nous nous sommes endormis tous les deux sans nous dire un mot, assommés par l'été, plombés par l'effervescence de nos sentiments, sans doute.

Le vent m'a réveillée. Lorsque mes yeux se sont ouverts j'ai dû passer une main en guise de visière tant la couleur jaunâtre du ciel était ensorcelante, des petits points noirs contrastaient, ma tête tournait, lourde comme si j'avais trop bu. Charles dormait toujours et le tonnerre a retenti. L'odeur d'été se faisait forte, persistante, presque sexuelle par ses effluves de fleurs et de nuages capricieux. Le canal ressemblait à une surface de lait noir, lisse, dramatique, sale. L'atmosphère était horrible et nous étions à cet endroit, dehors, comme si nous n'avions rien à faire là par ce temps. Le ciel éclaterait, on pouvait peut-être mourir si alors il venait à grêler fort. On mourrait ensemble, peut-être noyés par la pluie glacée, le vent nous claquerait les joues comme une bise qui fait mal, on mourrait en se disant qu'on aurait pu avoir le temps de s'aimer, je ne sais pas, on pouvait tout imaginer. Le cadre ressemblait à un film aux couleurs brouillées, des couleurs sombres, nos pupilles pourtant aveuglantes, on ne voyait sûrement que ça, nos yeux aux airs d'un film de Tim Burton et nos lèvres corallines d'après-midi surchauffé. Charles ne se réveillait pas. Je restais assise à le regarder un moment, de ses pieds immobiles et plats jusqu'à ses cheveux épais, poisseux aux tempes alors étouffées par la transpiration. Nos peaux suffoquaient, il n'avait jamais fait aussi lourd et frais en même temps, nous entrions peut-être en phase de choc thermique, ou bien le *cold turquey* après la drogue. Pour le moment, il ne pleuvait pas, seulement des éclairs déchiraient le ciel et plus tardivement leur bruit de fissure résonnait partout dans Paris. Il n'y avait personne, on aurait dit la peste. Avec moi j'avais pris mon calepin et un crayon de papier, que j'emmenais partout et qui me servaient énormément. J'ai dessiné ce que je voyais devant moi, le canal noir avec en arrière-plan le ciel déchiré, l'herbe odorante, les pieds de Charles à ma droite. Au bout d'un moment, quand j'ai eu terminé mon illustration, j'ai décidé de réveiller doucement Charles en passant mes doigts de sa clavicule à son épaule. Plusieurs fois. Je ne voulais pas le secouer ou lui fourrer un brin d'herbe dans la narine, il l'aurait peut-être mal pris. Et puis je n'étais pas comme ça, moi. Ses longs cils recourbés ont frétillé puis son torse a émis une sorte de secousse, comme une peau de cheval gênée par une mouche. Il a ouvert les yeux d'un seul coup et s'est redressé, les cheveux en vrac, considérant le ciel strié d'éclairs aveuglants.

« On devrait y aller, non ?

— T'as raison, ça va nous tomber dessus. »

Il a regardé un instant autour de lui en constatant que nous étions seuls au bord du canal. Un bateau est arrivé et sur le pont, des gens en tenues de marins s'agitaient, gueulaient en tous sens et s'organisaient. Le vent s'était levé. Nos regards avec Charles se sont croisés et ses yeux se sont arrêtés furtivement sur mes lèvres, avant que nous nous levions pour plier nos couvertures et ranger ce que nous avions déballé des glacières. Des mouches molles et vertes, le genre de mouches collantes et sales qui se posaient partout, s'étaient ramenées en un petit groupe pour se poser sur les emballages et le pain. Charles les a chassées de sa grande main caramel. Une fois nos affaires sous les bras, nous avons quitté notre endroit d'herbe dès lors aplati et avons regagné la voiture de Charles garée à quelques mètres. Tout tenait dans son coffre. « Viens, on va boire un verre. » Il prenait les choses en main, il m'entraînait avec lui et je le laissais faire. J'appréciais qu'il soit ainsi, il n'arrêtait pas de me surprendre. Nous avons tout de même pressé le pas en craignant de nous faire avoir par la pluie, et quelqu'un l'a appelé dans la rue. Se retournant, Charles a souri et a fait un grand signe. Il m'a intimée : « Attends, je vais te présenter mon ami. » Nous sommes allés voir l'ami en question, déjà de loin il paraissait grand, mais alors de près il était absolument immense, sec et très bronzé. Un

Arabe à la voix grave. Charles m'a présentée en disant que j'étais Marjorie, juste Marjorie, il n'a pas dit que j'étais une amie, rien. L'Arabe m'a adressé un hochement de tête en guise de salut et un murmure de bonjour du bout des lèvres avec un franc sourire, très doux sur son visage anguleux, ses sourcils épais qui s'arrondissaient donnaient à sa bouille un air adorable. Il a tapé dans la main de Charles en lui demandant plein de nouvelles, alors ça fait un bail, j'te jure trop content de te voir, et le taf t'es dans quel bar, venez j'vous paye un verre, vazy entrez. On l'a suivi dans un bar que je ne connaissais pas, l'ambiance semblait agréable et feutrée. L'Arabe, Mehdi s'appelait-il, connaissait tout le monde, ultra-sympathique et appelant les gens par leur prénom quand il les saluait. Lorsqu'il est revenu à nous, il enchaînait encore les questions avec Charles et nous a laissés nous asseoir sur des tabourets devant le bar. Il se tenait proche, tactile avec ses amis, adressant des clins d'œil, une vraie tornade. Il m'a demandé ce que j'aimais boire. Il a commandé pour moi un de ces cocktails que j'avais vus sur l'ardoise en m'asseyant, papaye et noix de coco. Charles m'a souri sous les lumières chaleureuses qui tombaient au-dessus de nos têtes. Nos jambes se touchaient presque. Je me sentais bien, à l'aise, Mehdi semblait vraiment gentil et Charles ravi que je sois là. Nous parlions tous les trois, car Mehdi avait beaucoup de conversation et me faisait rire avec cet accent si prononcé et ce français que je ne comprenais pas toujours. Ses phrases étaient bien à lui.

« Tu fais quoi dans la vie Marjorie ?

— J'ai fait des études de biologie, mais en vérité, je ne crois pas vraiment être une scientifique, je travaille pour l'instant dans un cinéma et… et je peins aussi.

— Géant ! Tu peins quoi, c'est quoi ton style ?

— Réaliste. Je peins ce que je vois, je représente, disons. »

Charles m'observait, le menton posé dans sa paume. Ses yeux étaient un peu fatigués, mais pleins d'étincelles.

« J'adorerais voir ce que tu peins. Tu fais des expositions ? a demandé ce dernier.

— Une galerie a mis un de mes tableaux en vente, mais bon, je peins vraiment pour le plaisir, je t'assure.

— Je découvre tout le temps avec toi, j'adore, tu es… passionnante. »

Il a lui-même approuvé ce terme d'un hochement de tête avec une moue du sourire, comme s'il admirait et réalisait ce qu'il venait de dire. J'ai souri, vraiment touchée. Mehdi lui a donné une petite tape sur l'épaule avec un sourire amical.

« Et toi tu fais quoi ? me suis-je intéressée auprès de Mehdi.

— La magie. Ouais bon je sais, comme ça on dirait pas et si ça se trouve tu crois pas en la magie. Mais attends… (il a fouillé dans ses poches et en a sorti un paquet de cartes) si tu veux j'te montre. »

Tandis qu'il faisait un peu de place sur le bar en zinc souillé et humide à cause des culs de verres, un groupe de personnes, cinq hommes et deux femmes, a débarqué et a immédiatement attiré les regards. Ils avaient l'air défoncés. Le barman a échangé quelques mots avec sa collègue, du genre il faut les virer c'est pas la première fois, et malgré tout ils essayaient de dissimuler leur embarras pour faire bonne figure. Ils espéraient qu'ils seraient calmes au moins. Mehdi a ouvert grand ses yeux et s'est immobilisé comme un suricate qui aurait entendu jaillir un râlement prédateur. Son jeu de cartes toujours entre les mains, il était attentif à leurs gestes, les suivait du regard et doucement s'est penché vers nous.

« Ils sont tout l'temps fourrés là ces cons, des drogués défoncés en permanence. Le truc c'est qu'ils font chier tout l'monde quand ils sont pétés. En plus, ils boivent et ils s'échangent même de la came, y s'mettent bien au fond et y font leur putain de trafic de merde. Souvent y a des embrouilles après et on arrive pas à les faire sortir. Les barmans sont obligés d'appeler les flics. »

On aurait dit un agent de sécurité. Ça ne collait pas du tout avec lui : grand machin tout sec sans muscles aux membres trop longs. Ses yeux étaient devenus très noirs cependant, il ne fallait sûrement pas l'emmerder. Il a fini son verre cul sec, conservant quelques secondes le liquide fort dans ses joues gonflées avant de le laisser couler dans sa longue gorge. Finalement il a décidé de reprendre ses démonstrations de magie et il faut dire qu'il était très agile. Il maniait les cartes avec une rapidité déconcertante, me lançait des pièges, manipulait ma conscience et quelquefois la carte que j'avais tirée dans son paquet se retrouvait entre ses dents ou dans sa poche. À côté, il était cuistot dans un restaurant, mais il rêvait de pouvoir se consacrer uniquement à la magie. Comme moi avec la peinture, ce désir qui paraissait bien loin et quasi impossible. Après il a dit : « Je vous laisse, tchao », avec un salut militaire et un clin d'œil, en rangeant son paquet de cartes et se dirigeant vers un petit groupe qui déjà lui offrait des accolades. Il était donc très apprécié dans ce bar. Charles s'est retrouvé seul avec moi et je ne sais plus exactement comment ni pourquoi nos doigts se sont trouvés, assez naturellement, comme ça, sans question. Il palpait la pulpe de mes doigts avec une douceur infinie tandis que les siens tremblaient un peu, discrètement, sans vouloir être vus. Rien que ce geste me chamboulait. Plus rien d'autre n'existait autour de nous, on aurait pu crier nos prénoms, nous tirer par les épaules, il y aurait pu avoir le feu, non, on serait restés là sans nous détacher l'un de l'autre. Charles avait le visage imparfait, je m'en rendais encore compte et pourtant c'est ça qui m'a fait chavirer. Cette illusion constante, puis ce changement, car ses traits changeaient toujours. Il n'était pas comme la collègue du cinéma avec son carré lisse et son sourire indélébile qui agaçait, son visage qui ne bougeait pas, jamais, qui ne vieillissait même pas. Lui j'avais l'impression de le découvrir à chaque fois d'un regard neuf et différent. C'était vraiment troublant. Et puis je ne m'attendais pas à cette personnalité entreprenante, ce désir de prendre les choses en main. Il m'a raconté que sa mère était française, née à Nancy, et que son père était d'origine algérienne, mais qu'il était né en France. Il n'est jamais allé dans ce qu'on appellerait son pays, car il s'en fichait pas mal après tout, et ce pays en question ne l'attirait pas. Il avait donc les cils, la chevelure et la peau typés, puis les yeux et la douceur de sa mère. Parce qu'elle était si douce, sa mère, disait-il. Attachée à l'éducation. Très amoureuse du père. Il n'avait pas été malheureux dans son enfance. Il accompagnait parfois le père pendant les vacances lorsqu'il travaillait les meubles en bois, il pouvait même lui arriver de les peindre selon la demande du client, son père l'aidait et après il lui donnait un peu d'argent. Il l'aimait, son père, mais c'était un gros dur. Charles était différent, pas bagarreur, pas très extraverti, timide, un peu maladroit et en plus il rougissait très vite dès qu'on le regardait. Pourtant ce soir-là devant moi je voyais un homme suffisamment à l'aise pour enlacer mes doigts, me regarder sans plus s'en détacher. Mais il y avait encore les restes de son adolescence à travers cette discrète timidité qui rosissait ses joues et ses tremblements à peine perceptibles.

Il paraît que tu étais là, pas loin de nous, dans le même bar, et que tu ne le savais pas. Le hasard nous avait réunies au même endroit. On se poursuivait sans cesse, impossible de briser notre relation, même en tapant très fort pour la faire exploser. C'était comme un objet en verre improbable, d'apparence fragile, mais compacte à la fois, et surtout incassable. On aurait eu beau le jeter par terre ou le cogner contre un coin de table, il ne se serait jamais cassé. Le seul objet de verre incassable. Et ça rendait fou. Tu étais là et je ne t'ai pas sentie, car Charles m'embaumait trop, et je croyais t'avoir oubliée. Tu faisais à nouveau surface comme l'huile qui noie le vinaigre. Je l'ai su plus tard quand Leonardo m'en a parlé, il savait des choses de ta vie, tout se savait avec toi. Tu faisais parler parce qu'on te remarquait, alors quand il me l'a dit, quand il m'a dit que tu te droguais, j'ai cru chavirer, entraînée dans un engloutissant rouleau d'écume, sonore et affamé, comme traînée dans un sable épais où il m'était impossible de sortir. J'étais dans un état de mal de mer et de mal de train, entre nausées, ankylose, angoisse, souffle coupé et envie de mourir pour ne plus souffrir. J'étais dans un état d'incompréhension totale. Leonardo ne savait pas depuis quand tu te droguais, mais il a dit : « Ça ne m'étonne pas d'elle. » Il te connaissait bien en fait, peut-être le seul homme de ta vie amoureuse, ou bien de ta vie tout court, à te connaître aussi bien. Tu n'avais pas perçu à quel point il était intelligent, Leonardo. Tu aurais pu tomber vraiment amoureuse si tu avais appris à le connaître.

Il ne m'a sorti aucun nom de drogue spécifique, juste *de la drogue*. Il étrangle, ce mot, *drogue*. Il sonne comme une voix bloquée, une gorge encombrée d'une cacahuète qui ne passe pas. Il sent le sale, la tristesse. Car tu étais si triste et jalouse dans ta vie, tellement pleine d'une colère contre toutes les femmes du monde, révoltée des hommes que tu n'as jamais cherché à connaître. Ce groupe de personnes au bar, avec leur rire diabolique et sec, leurs yeux noirs dilatés et leur odeur d'herbe forte, tu le connaissais, tu en faisais partie. Tu as dû arriver après eux, avec discrétion tu t'es fondue dans les lumières tamisées, tu m'as peut-être frôlée, mais tu ne m'as pas vue. De toute façon tu ne serais pas venue, tu m'aurais insultée mentalement. Alors ça y est, je t'ai oubliée ? Charles est là, Charles est partout, là, avec moi, rien qu'avec moi ? Je pense à autre chose qu'à toi ? Tu n'es plus une priorité ? Mais pourtant je savais à quel point tu étais fragile, à quel point pour moi tu te serais jetée d'un pont. Je le savais et je l'ignorais, je le niais, je l'oubliais, je le camouflais, j'ai décidé de vivre et de ne plus penser à ça, à ce qui pourrait t'arriver. Ta folie pèse trop lourd dans ma vie, c'est ça ? Je veux quoi, mais je veux quoi putain ? Je ne veux plus de toi ? Tu me dégoûtes, tu me fais peur ? La drogue, c'est de ma faute, c'est parce que je n'ai pas été là. Je t'ai trop manqué tout ce temps, et puis ce voyage en Afrique, ça t'a tapé sur le système !

Depuis, tu faisais chaque nuit des cauchemars. Des cauchemars d'Afrique. Tu rêvais de Noirs à la peau sèche qui dansaient sous un soleil de plomb, en ronde, entonnant des chants, des sortes d'incantations. La pluie venait à tomber et ils continuaient à tourner et à chanter, les bras en l'air. Toi tu étais au centre avec un point de couleur à la place de ton grain de beauté, entre les deux yeux. Tu avais envie de vomir, là ton ventre grossissait à n'en plus finir, des pleurs d'enfant couvraient les incantations, ça hurlait dans tes oreilles, le cercle se refermait encore plus sur toi. La pluie te giflait, tu tombais et tu mangeais de la terre, et les silhouettes disparaissaient, tu semblais mourir par terre. Ensuite tu te réveillais en nage, les cheveux collés aux tempes et le souffle court, les lèvres sèches, ton ventre étrange et ta solitude, ta folie, ton mal-être. La drogue ne devait rien arranger.

Mais elle te faisait oublier pendant un moment, tu planais et tu transpirais des gouttes pailletées. Tu te noyais là-dedans, ce tourbillon stroboscopique, psychédélique, hallucinogène, délirant. Tu étais l'art du psychédélique, hypnotisant, débordant, trop coloré, tu donnais mal au crâne et envie de vomir.

Avant tout ça, alors que tu ne me préoccupais plus, que ce psychédélisme ne m'était pas encore apparu comme ce qui était de plus fort chez toi, Charles m'a embrassée en appuyant très doucement ses lèvres chaudes et sucrées d'alcool sur les miennes. Il n'y avait pas plus doux, il a rendu ce moment surréaliste. Tu te droguais et moi, on m'a embrassée, dans le même bar, chacune à l'opposé, chacune passionnée, chacune oubliée, abandonnée. On vivait la même chose avec les mêmes sensations, tu venais de trouver l'amour toi aussi, tu avais comme moi les yeux fermés lorsque tu portais ton joint à tes lèvres ou lorsque tu aspirais la poudre avec tes narines. Les lumières tamisées, la nuit éternisante, les verres vides, le zinc du bar gras, nos mains moites et nos joues rouges, nos ventres de filles complètement retournés, notre âge oublié, de véritables adolescentes à nouveau, on vivait, on vibrait, on se noyait peut-être. Et moi aussi j'ai cru voir du psychédélique. Je me suis dit : « Je suis au milieu de l'océan, je ne vois plus rien, j'ai les oreilles sous l'eau, les pieds qui flottent, les cheveux comme des filaments de méduse, la bouche entrouverte, les yeux fermés, je suis présente et absente en même temps, je ne me suis jamais sentie aussi moi, aussi Marjorie, aussi transpirante et bouleversée par un baiser. Charles m'a chamboulée et je t'ai oubliée. »

Chapitre 5

Soudain tout a changé. Ma vie semblait prendre un rythme accéléré, je ne paraissais plus rien contrôler, on m'embarquait, on m'aimait, on m'embrassait, on me regardait différemment, comme une importance, une admiration. On m'a appelée aussi. On m'a appelée pour me féliciter, on devrait fêter ça : mon premier tableau venait d'être acheté. Puis un second appel, de Leonardo, au courant lui aussi, et de son fort accent italien il me couvrait de compliments. Alors je me suis rendue à la galerie avec lui, et déjà le champagne nous attendait fraîchement dans son sceau plein de glaçons. La galeriste m'a fait une bise parfumée en me cognant les pommettes de ses grosses lunettes, il y avait son mari également, à lunettes, à chemise, à ventre rond et à mains rangées au fond des poches. Tous les deux souriaient franchement, elle tout excitée, répétant qu'il fallait absolument ouvrir ce champagne, je m'en charge, allez c'est parti, on l'ouvre. Poc. Le bouchon a volé, le couple a ri et la femme a versé le liquide mousseux dans des coupes en verre. On se serait cru un jour de l'an en famille avant les huîtres. Je ne réalisais pas que nous étions ici réunis pour moi, pour mon tableau vendu. L'imposante stature de Leonardo demeurait proche de moi, d'un aplomb inébranlable, d'une solidité virile, cheveux gominés en arrière, les gros bras à leur place, une main dans la poche et l'autre tenant le verre. Je n'avais rien dit à Charles, j'attendais, je voulais lui avouer qu'il s'agissait là de son portrait, c'était notre histoire avant même qu'elle ne débute vraiment. Et je ne pensais qu'à lui. Quand il m'apparaissait encore et encore, mon estomac se retournait, je ressentais encore sur mes lèvres le picotement et le frétillement des siennes, dans lesquelles son cœur battait comme un fou.

« On voit souvent le jeune homme qui vient d'acheter votre tableau, là c'est la première fois qu'il repartait avec une œuvre. Un vrai coup de cœur, qu'il a dit. »

Le mari approuvait d'un hochement de tête.

« Je vous assure, il est resté planté devant un bon moment, la tête penchée sur le côté. On lui a parlé de vous, il avait l'air vraiment intéressé par votre style. »

J'étais flattée. Néanmoins, quelque part, ne pas voir l'acheteur de mon tableau me frustrait énormément. J'aurais aimé échanger avec lui, qu'il pose ses questions à moi, que je montre qui j'étais réellement.

« On attend de nouvelles œuvres maintenant. (Clin d'œil). Vous avez déjà quelques idées ?

— J'y réfléchis, oui bien sûr, ça mûrit.

— Alors on attend patiemment que le fruit soit mûr et bien gorgé de soleil. »

Et elle a ri à gorge déployée avant de plonger dans sa coupe avec un dernier rire mort étouffé dans le verre. Elle était tout de même assez spéciale comme femme, un peu étrange. Mais j'ai accepté sa manière d'être, elle était drôle et son mari extrêmement réservé. Je n'ai pas entendu le son de sa voix, il restait plutôt derrière, transpirant dans sa chemise. Il faisait presque mal au cœur. Un petit bonhomme mal à l'aise en société et rouge de timidité. Les hommes comme lui m'ont toujours touchée. Et d'autre part l'aplomb masculin m'attirait énormément.

Je n'ai pas regardé l'heure lorsque nous sommes partis. Leonardo m'a ramenée en voiture chez moi, sans plus me parler, il roulait les yeux noirs et profonds, concentrés, ses mains caressaient le volant en cuir, des mains de démolisseur, bronzées, veinées, fermes. En le regardant, je me suis demandé comment il te faisait l'amour, Alexandra. « Voilà ma bella. » Jamais il ne m'avait appelée comme ça auparavant. Je suis restée muette et figée avant de me décider à ouvrir la porte. Quelque chose avait changé entre nous. L'ombre d'un sourire était née sur son visage toujours aussi grave, je ne lisais rien dans son regard trop noir, c'était troublant. Rien de malsain ne s'en dégageait pourtant, c'était autre chose, une gravité qui camouflait un sentiment. Je suis descendue et j'ai refermé la porte, maladroite sur mes pieds, sonnée. Je l'ai laissé dans sa voiture les mains serrant le volant en cuir, seul et certainement désappointé.

Seule dans mon appartement j'étais ivre d'amour, le cœur essoufflé, un sourire mordant aux lèvres, les yeux qui pétillaient. Le soir même je retrouvais Charles en terrasse, il sentait bon et il fumait, beaucoup. Je le regardais faire, je contemplais sans m'en lasser ce visage qui se perdait dans les volutes de tabac. Elles sortaient de ses narines et d'entre ses lèvres, et ses lèvres s'ouvraient dans une délicatesse absolue. Elles se décollaient comme deux corps humides le matin après une nuit d'amour, elles donnaient envie qu'on les embrasse éternellement, elles étaient hydratées, roses, rebondies. L'air était chaud, j'avais la sensation d'être dans le ventre de ma mère. J'ai pensé furtivement à elle. J'évitais normalement de trop penser à elle, parce que je me mettais toujours à regretter nos années ratées, nos années de courants d'air glacés, de maladresses, nos années d'amour qu'on a jamais su démontrer. Je peux dire que tu as été la seule femme, la seule fille, avec laquelle je me suis sentie véritablement bien, des années durant. Mais tu vois tout s'est effondré, tout a fondu, tout s'est évaporé en quelques années. C'est dur, quand j'y pense. Les hommes, je me sentais bien en leur compagnie. Je commençais à voir apparaître sur la chemise de Charles deux petites auréoles. Délicatement elles épousaient ses aisselles.

« Tu sais je t'ai parlé de mes tableaux. »

Il s'est mis à sourire derrière ses longs doigts qui tenaient d'une manière lasse la cigarette. Il a tiré une taffe en fermant un œil tandis que le soleil du soir éclairait désormais la moitié de son visage. Il renversait la tête en arrière dans une expiration pour souffler sa fumée brûlante dans l'air cramant.

« Vas-y, raconte-moi.

— La galerie a vendu mon premier portrait. »

Ses yeux posés sur moi, intenses, m'ont électrisée. « C'est vrai ? Bravo ma belle. » Il a semblé réfléchir un moment, puis :

« J'aurais tellement aimé le voir.

— Tu aurais été surpris. »

J'étais à deux doigts de le lui dire, que je l'avais peint, lui, mais je ne l'ai pas fait. C'était mon secret. Il ne le saurait jamais. Ça me plaisait. J'aimais faire les choses dans la plus fine discrétion, je ne laissais rien paraître, je gardais tout pour moi. Au début je partageais avec toi, mais tu sais, tout a changé.

« Ah oui ? Pourquoi ?

— Parce qu'il t'aurait été familier. Tu aurais eu l'impression de l'avoir déjà vu quelque part. »

Il l'aurait déjà vu dans son miroir, ses cheveux désordonnés, ses yeux bleus, il aurait reconnu son propre sourire.

« Où ça ?

— Je ne préfère rien te dire, Charles. Ce portrait tu le vois déjà chaque jour, moi je le trouve exceptionnel, mais toi, tu n'y trouverais aucune singularité. C'est purement humain. Ça t'intimiderait. Si tu savais comment, pour moi, c'est tellement autre chose…

— Excuse-moi, je crois que je ne comprends rien…

— Tant mieux alors, c'est l'effet que je voulais. »

J'ai fini mon verre et nous avons marché sur le pont. Il m'a proposé de me faire découvrir son appartement, et lorsque je suis entrée j'ai photographié mentalement chaque objet, chaque couleur, chaque meuble. Je l'ai imaginé se déplacer de pièce en pièce, le matin, le soir, la nuit pour aller boire un verre d'eau, il se couche, il se lève, il se douche, il mange, il fume à sa fenêtre, il écoute de la musique très fort, il ferme les yeux et avant de s'endormir il les garde longtemps ouverts, en réfléchissant. Il réfléchit dans son lit, il ne sourit jamais dans le miroir, mange debout, s'assied par terre quand il regarde un film, sur le tapis gris. Et alors je ne me trompais pas. C'est comme si l'imaginer vivre me rendait surdouée, je devinais absolument tout, je savais avant qu'il me dise, et lui ne savait rien. Je le laissais creuser, chercher, mariner, je n'aimais pas me dévoiler. Je le regardais beaucoup. Il a mis de la musique, Nina Simone, puis il a ouvert la fenêtre et nous nous sommes collés l'un à l'autre pour fumer.

« C'est fou comme on s'intoxique avec cette merde. »

Moi j'ai pensé : *c'est fou ce qu'on s'intoxique avec l'amitié.* Ça fonctionne de la même façon, tu y prends goût, toujours ce même goût qui reste en bouche et qui ne se désincruste pas. Ça satisfait les papilles, ça fait gonfler le cœur, ça se marie avec le rire et les larmes, puis tu te rends compte comme parfois ça peut être dégueulasse, comme ça te fait tousser, d'abord un peu puis beaucoup. Sur le coup c'est bon, et c'est cruel, tu meurs à petit feu, tout doucement. J'en étais là de mes songes lorsque Charles a écrasé de ses doigts son mégot sur le rebord de la fenêtre puis l'a jeté par terre, dans la rue. Un chat est passé, juste un chat, personne d'autre, comme si la ville était vide, comme en temps de peste. Nina Simone chantait, il faisait bon, ma peau contre celle de Charles, le moment était parfait. Il s'est tourné vers moi puis a délicatement pris ma cigarette terminée entre ses doigts, l'a écrasée, l'a jetée. Peut-être qu'un autre chat est passé, peut-être que c'était la peste, peut-être la fin du monde, un gaz toxique dans l'air, un tremblement de terre, un orage qui déchirait le ciel. Il pouvait tout arriver, je m'en fichais. Je le voulais, lui. Il me mordait les lèvres, la peau, partout. Je me perdais dans sa nuque chaude, ma main dans ses cheveux, passant sous les boucles, agrippant les boucles, collant ma bouche à son oreille. Nous étions devant la fenêtre en dessous de laquelle la vie semblait s'être arrêtée. Charles ne brusquait rien dans ses gestes, il m'embarquait quelque part, sur quelque chose, j'avais les yeux fermés et les cellules brûlantes, le sang surchauffé.

Il m'a aimée et m'a fait l'amour sur Nina Simone. Depuis je ne l'écoute plus. Elle me rappelle une autre vie, mes nuits d'amour avec lui où il parvenait à me mettre les larmes aux yeux tellement nous nous abandonnions ensemble, nous étions le même corps, le même cerveau, la même odeur. Depuis tout m'écœure. Depuis, je suis revenue à Gainsbourg. Et Gainsbourg est devenu Gainsbarre.

J'ai reçu un appel de toi. Je t'ai crue mourante. Je t'ai trouvée glauque. Au moment où j'ai décroché, j'entendais ta respiration saccadée, comme à chaque fois. Mais tu semblais t'étouffer dans tes sanglots comprimés, tu ne disais rien. Je te parlais, tu ne répondais pas. Tu as juste dit au bout d'un moment : « Viens, s'il te plaît… viens. » Et j'ai replongé avec toi. J'avais terriblement peur. Dans le métro je transpirais alors que les gens m'observaient comme si j'avais l'allure d'une dégénérée. Je ne savais pas où me mettre, je poussais tout le monde, j'insultais rien qu'avec mon regard, comme toi tu le faisais. Je me suis surprise à te reconnaître en moi. J'ai eu envie de vomir. À peine sortie j'ai couru vers un mur froid, j'ai failli me prendre les pieds dans plusieurs jambes, on levait des mains vers le ciel ou on faisait un moulinet du poignet vers la tempe du genre *mais quelle est donc cette folle,* et j'ai vomi par terre. Je me sentais comme une loque et seule toi me donnais la force de courir dans la rue. Tout était sale sur moi, je sentais mauvais, je n'avais plus rien pour moi. Avec toi j'étais donc la Marjorie que j'avais toujours été, celle qui s'effaçait. Un peu dans ton ombre, courant toujours pour te sauver, toujours à tes pieds, toujours à t'aimer, toujours à te prioriser. Je pensais ne jamais atteindre le point de non-retour. Tu étais un véritable tunnel sans issue. Aucun moyen de me sauver moi de notre situation.

Arrivée en bas de ton immeuble j'ai sonné, plusieurs fois, mais quelqu'un a ouvert la porte à ce même moment et alors je me suis précipitée dans les escaliers, montant les marches quatre à quatre, si vite que sur ton paillasson j'étais en nage. Le silence du bâtiment m'a pesée, ma tête semblait enfler, je voyais trouble. Pendant quelques secondes j'ai eu une absence, comme si mon sang avait coupé sa circulation, des bouchons comme en ville, des caillots, plein de caillots qui se formaient et qui gonflaient. J'ai pensé à l'AVC, j'ai imaginé une cagette de pommes géante dans laquelle je tombais, je m'y noyais parce que soudain les pommes devenaient compote, j'ai vu en noir et blanc et en couleurs, ensuite je n'ai plus rien vu, la rue dehors vrombissait et je l'entendais lointaine. Même ma course à pied ne me demandait pas un effort aussi intense. Une fois mes esprits retrouvés j'ai ouvert si bruyamment la porte que le bois a cogné le mur, j'ai lâché la poignée d'un seul coup et me suis dirigée vers la seule pièce allumée : ta salle de bain. Mes yeux se sont posés sur toi, pleine de sang, sur ton débardeur à travers lequel j'apercevais tes mamelons, sur tes mains, sur tes cuisses, et sur l'une de tes joues. Tu ne pleurais pas, plus. Tu avais pleuré avant que je ne débarque, je voyais le dessin séché de tes larmes et tes yeux gonflés. Aucune expression ne caractérisait ton visage blême. Tu étais là, en vie et morte à la fois, couchée sur le flanc contre ta baignoire carrelée, flottant dans cette ambiance de fin du monde et dans cette odeur de savon de Marseille qui séchait dans la coupelle. Tu avais l'air d'un animal mort, comme Ange lorsqu'on l'a retrouvé étalé par terre sous les rayons du soleil. Mort sur le parquet sans un bruit, dans la souffrance silencieuse, la pire, celle que personne n'entend ni ne voit. « Il est parti », as-tu dit. Sorti de toi, baigné dans ta poche sanguine, expulsé, perdu, tombé par terre, dans ta salle de bain. Plus aucune vie en toi. Plus rien à apporter à ce fœtus que tu rejetais de ton cœur en permanence. Est-ce qu'il était mort à cause de toi ? « À cause de moi, Marjorie, à cause de moi. J'ai tué un être vivant, j'ai tué ce que j'ai créé avec un homme. » Je me suis assise contre ta baignoire, à côté de toi, puis j'ai posé ta tête sur mes genoux en te caressant les cheveux, comme une mère l'aurait fait. J'étais là pour consoler ta souffrance et ta douleur de femme, c'était peut-être venu trop vite à toi tout ça, tu n'étais pas prête, pas encore assez *femme*. Et il fallait bien que tu apprennes, alors n'était-ce pas ce que la vie t'offrait ?

« Tu n'as rien tué du tout. Tu avais juste besoin de comprendre ce que c'était que de devenir une femme. »

Au fond tu étais soulagée. Mais perdue. Je ne savais pas encore que tu te droguais, même enceinte. Tout est venu après ce sang perdu. À partir de cette période, tout a dégénéré, ta vie a pris le virage de la démesure, tu as poussé tes addictions à l'extrême. L'alcool remplaçait tes repas, la drogue tes nuits. Après la mort du fœtus, c'était la tienne. J'ai cru que cet évènement t'avait fait devenir adulte, mais en réalité jamais rien ne t'a fait devenir femme. Tu n'avais pas été conçue comme cela, pas pour cette vie, pas pour enfanter, pas pour être convenable ni raisonnable, pas pour être polie, pas pour tomber amoureuse. Nous aurions pu concevoir que cette maladresse en toi n'était pas une fatalité, seulement j'ai tout essayé sans que rien ne convienne. C'était impossible, car tu étais vampirisante, tu savais rendre quelqu'un dépendant, mais toi tu ne le devenais pas. Tu étais juste dépendante de l'alcool et de la drogue. Je n'avais aucune emprise sur toi, je ne pouvais pas te convaincre ni te persuader, j'étais d'une faiblesse ridicule à côté de ta puissance fabuleuse. Quand deviendrais-tu réellement une femme ? J'ai fini par comprendre que ça n'arriverait jamais. Depuis le début, cette inaptitude gisait sous mes yeux. Tu n'as pas eu tes règles avant tes dix-sept ans, c'est arrivé lorsque nous étions à la cantine. Tu t'es levée et tout le monde t'a regardée en riant. En me rangeant derrière toi dans la file, j'ai constaté qu'une tache presque brunâtre avait marqué ton jean bleu ciel. Je te l'ai chuchoté et tout le monde continuait de te regarder, surtout les garçons qui prenaient un air répugné et quelques filles qui te montraient du doigt à leurs copines, en murmurant des mots et masquant des mines ahuries. Tu avais tellement honte qu'en posant ton plateau ta main a buté le verre qui s'est fracassé par terre. Je t'ai dit d'aller aux toilettes pendant que je m'occupais de ramasser. À ceux qui passaient à côté de moi et qui se moquaient, je n'osais rien leur répondre, je les laissais faire. Je fixais les joints du carrelage gris en ramassant les morceaux de verre, la gorge qui commençait à enfler et les yeux humides. Des garçons ont mis un coup de pied dans les morceaux qu'il restait et sont partis. Ils étaient cons à l'époque, on ne les aimait pas et eux non plus. Il n'y avait que les autres filles, les minettes échaudées par leurs hormones pour leur courir après. Elles étaient prêtes à tout. Aux voyages scolaires, dès que nous descendions du bus je vomissais et toi tu saignais du nez. Encore là, nous avions droit à des moqueries lourdes. On était deux hors du lot, les deux dont on se moquait pour amuser la galerie, les deux maladroites, les deux timides, les deux qui vivaient en montagne et qui prenaient le bus des petits, les deux sensibles, les deux aux cœurs troués, les deux à qui il manquait un père, les deux dont les mères ne savaient pas s'y prendre. On pensait que la vie des autres de notre âge était parfaite. On s'imaginait que leurs parents étaient là le soir à la maison tous les deux, que les filles n'avaient pas de crampes au ventre au moment de leurs règles, car ça ne se voyait jamais. On pensait qu'ils seraient toujours tous beaux, qu'ils trouveraient un homme ou une femme avec qui se marier, construire une famille. Nous étions persuadées que jamais la vie ne leur mettrait de bâtons dans les roues, que tout marcherait pour eux quoi qu'ils entreprendraient. Ils ne renversaient pas leur plateau à la cantine, en sport le maquillage des filles ne coulait pas, les cheveux des garçons restaient en place toute la journée grâce au gel, ils n'étaient jamais malades, jamais aucun rhume ni rien. Ils n'avaient pas peur du monde, du lycée, cette micro-société, pas peur des profs, des casiers qui claquaient, pas peur de se faire marcher dessus, pas peur de se faire doubler, pas peur d'être ridicules devant la classe. Peur de rien. Faits pour la vie. Mais nous n'avions rien compris. Ces gens-là étaient des ignorants ou des cachottiers, des emmerdeurs, des débiles, des moqueurs et des sans-cœur. Leur peau avait la consistance du marbre, rien ne les atteignait, ils s'ennuyaient. Alors ils se moquaient et ils nous piétinaient. Il fallait bien rendre honteux quelque chose chez des filles qui n'avaient jamais rien demandé et qui s'en foutaient de la vie des autres. C'était nous ces filles, on était deux et on parvenait à peine à résister à leurs jugements. Alors toi et moi seules, chacune de notre côté, on était mortes.

Je t'ai fait couler un bain dans lequel tu t'es fondue jusqu'aux oreilles, les yeux fermés. Tu m'as dit à nouveau : « Viens ». J'ai hésité. Mais au bout d'un moment j'ai retiré mes vêtements et je m'y suis plongée à mon tour, jusqu'aux oreilles. Il n'y avait plus que le clapotis un peu sifflant, nos corps compacts collés l'un à l'autre, toi la tête au robinet, moi les pieds. Nos jambes étaient froides en-dehors de l'eau tiède, et peut-être que nos cœurs battaient à l'unisson. Je sentais ta peau sous l'eau, encore fébrile.

Chapitre 6

Tu m'as proposé qu'on se drogue ensemble. C'était après que Leonardo m'avait avertie de ta nouvelle addiction. Je ne savais plus quel âge tu avais parce que dans ton état, on aurait cru voir une fille qui vivait son adolescence à retardements. Tu as mal pris le fait que je refuse, et puis Charles était à côté de moi, il buvait un verre de vin. Il te regardait comme au casino, un peu comme si tu étais une folle à ses yeux, ce que tout le monde se mettait en tête. Dans la mienne aussi tu étais folle, mais moi je l'acceptais, je le savais depuis toujours et j'étais constamment là pour fixer des limites à cette folie qui te bouffait. Je t'ai invitée avec Charles à une soirée où les gens dansaient, nous avons mangé une barquette de frites et bu du vin. C'était la fin de la canicule, l'automne avait chassé l'été. Paris a organisé une fête Place de la Concorde, j'en ai oublié la raison. Charles passait régulièrement une main chaude sur ma cuisse pendant que je regardais ton visage détourné de moi, comme une gamine qui faisait la tête. À cette fête je me sentais mal, je n'aimais pas la main de Charles, pas à ce moment, pas devant toi, pas devant la barquette de frites trop grasses et trop salées, pas sous ce ciel orangé, pas Place de la Concorde. Chacun de vous essayiez d'attirer mon attention, j'avais la sensation de vous appartenir, vous vous battiez pour m'enfermer dans votre bulle. Charles devait te détester, mais jamais il ne me l'a dit. Un groupe de rock a joué ce soir-là. J'étais dos à lui, en face de toi et à côté de Charles. Je n'ai pas fini mes frites froides à cause de cette boule qui me pesait sur l'estomac. Lorsque tu as regardé face à toi, en direction du groupe, tes yeux n'ont pas cligné pendant un long moment, ils étaient fixes, puis j'ai vu ta main trembler autour de ton verre. Tu m'as regardée par-dessus le liquide rouge que tu faisais couler dans ta bouche sans plus t'arrêter, et avant d'avaler ta longue gorgée, tu as laissé se réchauffer l'alcool dans tes joues gonflées. J'ai fini par me retourner vers la scène sur laquelle le groupe jouait, et mes yeux se sont instinctivement posés sur la batterie. Le soir tombait, les lumières qui bougeaient perturbaient la forme des visages, les têtes se secouaient, la batterie était au fond. Tu as posé ta main sur la mienne. Je me suis tournée vers toi. « Quoi ? » Tu étais mal à l'aise. À nouveau j'ai regardé le groupe, la batterie, la guitare, la batterie, les cheveux, le visage furtivement éclairé par les lumières folles. Mon cœur a raté un battement. Nos mains à toutes les deux se sont crispées, en même temps.

Barthélémy à Paris Place de la Concorde, Barthélémy comme mon adolescence sans âge. Barthélémy devant sa batterie, sa tête secouée, Barthélémy à nouveau, il avait vieilli, il était encore plus homme. Toujours aussi hypnotisant. Charles passait encore sa main sur ma cuisse comme un automatisme, il commençait à s'agiter, il se sentait seul.

« Il est bien le groupe hein ?

— Très. »

Tu as répondu froidement, je n'ai rien eu à dire.

« Ça va pas ma belle ?

— Si si.

— Bon. Je vais nous chercher un verre. »

Je sentais encore la chaleur de sa paume sur ma peau.

« Tu l'as toujours pas oublié ? » as-tu demandé.

J'ai retiré ma main de sous la tienne et je me suis concentrée sur ma respiration pour t'éviter. Non Alexandra, je ne l'avais pas oublié. Barthélémy, je ne pouvais pas. C'était trop fort et trop impossible avec lui. Tu n'as pas réussi à le sortir de ma tête, tu ne voulais pas que je pense à lui, tu m'en as éloignée pour que je t'appartienne, pour ne pas me laisser partir avec lui, et puis lorsque je ne le voyais plus tu me demandais pourquoi. « Tiens c'est bizarre Marjorie, tu ne le vois plus ?

Vous vous êtes engueulés ? » Oui on s'engueulait, il tentait de me faire entendre ce que je refusais de comprendre. Il s'en prenait à toi dans ses paroles et je te défendais toujours. « Tu vois pas qu'elle fait tout pour nous éloigner ? » disait-il toujours en tendant le bras dans une direction comme si tu t'y trouvais. La première fois que je l'ai embrassé a été la dernière, parce que je me disais que je ne devais pas l'aimer. Tu disais qu'il ne me convenait pas. Il était trop vieux, il me voulait seulement pour mon corps. On les connaissait, les hommes. Toi c'était différent, tu pouvais les embrasser parce que tu ne tombais pas amoureuse, tu ne t'attachais pas. Moi j'étais trop sensible. Selon toi, je pouvais être naïve. La seule personne avec qui je l'étais pourtant c'était avec toi, et seulement toi.

Charles est revenu avec des verres et s'est assis tout proche de moi. Son odeur m'a envahie, ma tête tournait. « Je n'ai pas envie de boire du vin, laisse-moi. » Je l'ai repoussé plus violemment que je le voulais, et j'ai eu mal au cœur. Il me regardait sans comprendre entre ses cils noirs et épais, mais je n'ai pas eu envie de m'excuser. Je ne vous supportais plus à côté de moi. J'étouffais avec vous deux. Le problème n'était pas lui, c'était toi et seulement toi. Tu parvenais encore à m'éloigner d'un homme que j'aimais, sans un geste ni un mot, juste par ta simple présence.

« Tu fais quoi Marjorie ? Attends-moi, tu vas où ?

— Dégage ! »

J'ai cru revivre la scène devant l'hôpital. Je t'ai repoussée encore, aussi fort, j'explosais. Et tu revenais avec tes mains qui cherchaient à enlacer les miennes, tu m'horripilais, je ne respirais plus, je me dégageais, tu avançais en me parlant : « Tu vas faire quoi ? Le voir ? Et tu vas lui dire quoi ? » Tu riais après chaque question. « Mais c'est fini Marjorie. Tu n'as pas compris ? C'est FINI ! » Arrête de m'appeler par mon prénom Alexandra, laisse-moi partir, ne m'enferme plus. Je marchais vite, mais tu me rattrapais, les gens commençaient à nous regarder, comme à la cantine. Ils s'échangeaient des mots et ils avaient l'air de se moquer. J'avais peur. Je déambulais dans la foule et tandis que tu cherchais à empoigner fermement mon bras, tes ongles rentraient dans ma peau. Mes larmes sont montées et je ne les ai pas contrôlées. J'en avais marre du contrôle. Tant pis si je me liquéfiais, je n'en avais plus rien à faire. La batterie résonnait fort dans le soir sur la place, elle me prenait aux tripes et au loin j'apercevais Barthélémy qui secouait toujours la tête, ses bâtons tapaient plus vite, il transpirait, c'est sûr, il dégoulinait comme moi je devenais une flaque. Tes ongles me griffaient et bientôt tes doigts ont disparu. J'ai continué d'avancer. Me retournant, j'ai vu Charles qui te tenait fermement par les épaules et te criait des choses. J'ai croisé son regard désespéré. Dans ma tête aujourd'hui la scène se déroule au ralenti, je suis comme un animal qui fuit son prédateur, la vipère, le lion, le chat, l'aigle, le sale corbeau. J'avais de plus en plus mal au ventre. Devant la scène je me suis arrêtée, haletante, les yeux mouillés, posés sur Barthélémy. Il a levé la tête vers moi, il jouait en même temps et il regardait dans ma direction. Il m'a vue. Une secousse a violenté mon corps jusqu'à me déséquilibrer. Charles me tenait contre lui, la tête dans mes cheveux.

« C'est qui cette folle Marjorie ? Dis-moi, qu'est-ce qu'il se passe ? »

Rien. C'est pas grave. C'est comme ça depuis toujours. Je ne bougeais plus en constatant que désormais Barthélémy ne me regardait plus. J'avais une envie de meurtre. Charles devait sentir mon corps se raidir contre le sien, car il a lâché son étreinte et m'a laissée partir. Je m'en suis allée hors de la foule qui m'oppressait, mais la musique s'est arrêtée tandis que les musiciens avertissaient le public qu'ils prenaient une pause. Des pas de course sur le bitume se rapprochaient dans mon dos, des semelles qui claquaient par terre et une voix qui m'appelait. « Marjorie ! » Marjorie comme à la gare, par-dessus les têtes des voyageurs, Marjorie criée à la porte du train, Marjorie appelée désespérément et qui ne venait pas, Marjorie qui se retournait, mais Marjorie qui n'avançait pas, Marjorie qu'on tentait de retenir, Marjorie qu'on rattrapait après les années, Marjorie du passé, retrouvée dans ce présent où tout avait changé, Marjorie qui ne savait plus, Marjorie qui en avait marre, Marjorie qui fuyait. « Marjorie, attends ! » Je ne me retournais pas, je ne faisais que stopper mes pas, j'étais plantée au milieu et mes épaules se sont crispées. Barthélémy venait devant moi pour la première fois depuis onze ans, aussi près. Il avait trente-sept ans. Des rides autour de son sourire s'étaient déjà creusées avec les années, il avait un charme terrible. Sa main s'est immobilisée dans ses cheveux et son autre main était enfoncée dans la poche arrière de son jean. Il me détaillait de la tête aux pieds, cherchait ses mots, respirait fort. La sueur trempait ses tempes et ses pommettes, jusqu'aux ailettes de son long nez fin.

« Marjorie… je suis tellement content de te voir, tu peux pas savoir. T'as pas changé.

— Toi non plus. »

On a souri. Barthélémy a regardé autour de lui.

« Tu habites ici, à Paris ?

— Oui, j'ai un studio. Et toi ?

— Je suis sur Bordeaux la plupart du temps. Mais j'ai aussi un appartement à Paris et j'y suis beaucoup en ce moment. On est pas mal appelés pour jouer ailleurs, comme là ce soir. Je m'attendais pas à te voir.

— Moi non plus. »

Le temps s'est arrêté. J'étais surprise par la douceur de sa voix dans le bruit de la soirée.

« Je vais devoir y retourner. On se voit après ? OK ? »

Je n'ai pas eu le temps de donner ma réponse qu'il s'élançait déjà vers la scène. Le concert a repris une dizaine de minutes plus tard et je me tenais toujours debout sur la place, à quelques mètres de la foule. Comme pour m'assurer que j'étais à l'abri du danger j'ai parcouru des yeux les gens agglutinés les uns aux autres, sans apercevoir ni Charles ni toi. J'ignorais où vous étiez, j'étais simplement soulagée de ne plus vous voir. Le temps que le groupe joue, j'ai regardé Barthélémy de loin, quelquefois il orientait son regard vers moi et sur son visage se dessinait le sourire de ses vingt-six ans. Le mien était celui de mon absence d'âge, de ma date de naissance éclatée en mille morceaux. À l'âge que nous avions lors de cette soirée, la différence ne se voyait plus. L'âge n'avait plus d'importance, il n'était plus question de majorité ni de jugements. On était libres et pourtant c'était trop tard.

Après le concert, Barthélémy m'a retrouvée presque là où il m'avait laissée et m'a emmenée dans un bar. Une scène qui me rappelait celle avec Charles, dans ce bar parisien où nous avions croisé l'Arabe avec ses tours de magie. Il était deux heures du matin. Je ne savais pas ce que je faisais, je me laissais porter et je ne contrôlais plus rien, je crois. Les autres musiciens étaient avec nous, mais en les observant j'ai constaté que leurs visages m'étaient inconnus.

« Tu as changé de groupe ?

— Ouais. Ça n'a pas tenu avec l'autre. On était trop jeunes et surtout inconscients. Un peu cons aussi. Le guitariste est tombé dans la drogue et je me suis pris la tête avec le bassiste. Le groupe a éclaté, c'est de l'histoire ancienne. J'étais encore gamin, tu sais. »

Et moi donc. Je ne sais pas ce qu'il buvait, son verre avait une couleur trouble, comme du sirop d'orgeat ou quelque chose du genre, mais à l'odeur de son haleine il devait s'agir d'un alcool fort. Son pouce était orné d'une bague épaisse et noire, toujours la même, peut-être plus abîmée, vieillie. Trente-sept ans c'est entre la jeunesse des vingt et le début de vieillesse des quarante. On ne sait jamais comment il faut parler à ces gens-là, comment les considérer, comment deviner leurs pensées, comment interpréter leurs mimiques, comment savoir s'ils cherchent encore à charmer ou s'ils sont posés et trop débordés pour ces choses-là.

« Tu as dû avoir le temps de te construire une vie depuis tout ce temps. »

Il a émis un rire en contemplant son verre, comme s'il méditait sur ce que je venais de dire.

« Je suis parvenu à vivre de ma passion, c'est vrai. J'ai une copine aussi. Elle veut des enfants. Elle veut qu'on parte vivre en Guadeloupe.

— Elle s'appelle comment ?

— Prudence. »

Nous avons souri en même temps.

« Moi aussi ça m'a surpris la première fois. Et toi, ta vie ?

— J'ai l'impression que depuis des années, depuis que j'ai commencé mes études, je stagne. Et j'ai un copain, Charles, c'est très récent nous deux.

— T'es amoureuse ? »

Mes yeux ne décrochaient plus des siens. Le visage de Charles se calquait à celui de Barthélémy, encore plus dans l'obscurité du bar.

« Je ne sais plus.

— Et ton amie, comment elle s'appelle déjà ?

— Alexandra.

— Ah oui. Alexandra. Vous vous voyez toujours ?

— Oui. Mais je ne sais pas si c'est une bonne chose finalement. Je n'arrive plus à réparer ses conneries. »

Les musiciens du groupe tournaient autour d'un groupe de filles assez jeunes. Soudain j'ai été dégoûtée. Barthélémy se rapprochait de moi et ne lâchait plus mon regard. J'ai senti que ses lèvres s'approchaient des miennes et je me suis forcée à le repousser.

« Tu peux pas faire ça Barthélémy. Tu as ta vie, ta copine. T'as bu. Tu fais ça à toutes les filles que tu croises pendant les concerts.

— Arrête, dis pas ça, tu te trompes. C'est compliqué avec Prudence, on s'engueule tout le temps. J'ai pas envie d'avoir des enfants ni de partir en Guadeloupe. Moi j'ai besoin d'être ici, en grande ville, pour vivre mes concerts. J'ai besoin de te voir.

— Tu dis n'importe quoi. C'est la première fois qu'on se voit depuis onze ans.

— Je t'ai vue une fois à la gare, je t'ai même appelée. Tu m'as pas reconnu ?

— Si, je t'ai reconnu.

— Alors pourquoi tu m'as ignoré ?

— Parce que je ne pouvais pas te voir ni te parler. C'était trop pour moi. J'ai cherché à t'oublier après ce qu'il s'est passé. »

Son visage était déconfit.

« J'ai jamais cherché à t'oublier moi, tu sais. »

J'avais encore plus mal. Il a continué :

« J'ai jamais compris ce qu'il s'était vraiment passé Marjorie. Tu as fui et tu m'as laissé comme ça sans donner aucune explication.

— Tu sais très bien comment ça s'est passé.

— Avec Alexandra, oui. Je sais que c'est à cause d'elle tout ça, c'est elle qui t'a forcée à partir. Mais toi, qu'est-ce que tu en pensais vraiment ? »

Lorsqu'on me parlait de toi j'avais l'impression de ne pas pouvoir me défendre seule, on me prenait pour la victime, la naïve incapable de se défendre.

« Moi j'étais fou de toi. Je n'ai jamais eu le temps de te le dire. C'est trop con putain, tu peux pas savoir comme depuis tout ce temps je m'en mords les doigts. »

Ses traits se sont durcis, il semblait vraiment en colère contre lui-même. Alors il n'a jamais réussi à être heureux avec aucune autre fille, pas même une femme de son âge.

« Je ne sais pas ce qu'il s'est passé la première fois que je t'ai vue... »

Moi non plus je ne sais pas. C'était la première fois. Le premier haussement de sourcils de la part d'un homme. Un homme encore un peu gamin. Mais un homme quand même. Après cela nous n'avons plus rien dit. Il nous a recommandé deux verres et j'ai allumé une cigarette, lui me regardait faire, la disposer entre mes deux doigts et tirer ma première taffe. Les musiciens du groupe ont salué Barthélémy, ils avaient l'air défoncés. Un peu avant quatre heures du matin, il m'a dit qu'il voulait me montrer quelque chose, chez lui.

« Barthélémy, non.

— S'il te plaît, c'est vraiment important. Après tu pourras rentrer, mais je dois absolument te montrer ça. »

Malgré ma fatigue intense j'ai suivi, dans le métro je tenais à peine debout. M'affalant sur le strapontin, j'ai laissé tomber ma tête contre une vitre qui faisait vibrer ma tempe. Barthélémy a fini par s'asseoir sur le siège à côté de moi, il battait un rythme avec son pouce bagué, sur sa cuisse. Ensuite il a mis sur mes oreilles son Walkman, lequel lisait un morceau de Nirvana. J'ai tourné la tête vers lui et lui ai souri. Kurt Cobain est mort en avril cette année-là, 1994. Un suicide. Ou un assassinat. Personne ne saura jamais. Barthélémy a mimé de son index une larme qui coulait le long de sa joue.

Il a fait la visite de son appartement, un grand appartement plein de décorations, d'instruments et de tableaux accrochés aux murs. Des tableaux de tous genres.

« Alors, tu voulais me montrer quoi ? »

Il ne répondait rien, entretenant le mystère d'un sourire qui ne s'effaçait pas. Nous avons atteint le salon et là il s'est arrêté, plissant ses lèvres souriantes et me fixant. Comme il ne disait toujours rien, j'ai simplement regardé la pièce, j'y suis entrée et j'ai caressé du regard chaque objet, puis je me suis attardée sur les murs. Ce mur. Petit portrait bleu avec ces cheveux bouclés et ces traits anguleux. Signé Marjorie. Incrédule, je me suis retournée vers lui et l'ai interrogé du regard. Il s'est approché.

« Je sais que c'est moi Marjorie. Je l'ai compris dès que je l'ai vu à la galerie. C'est moi que tu as peint. »

Mes yeux sont descendus vers le sol et ma main s'est posée sur mon front.

« Attends… Non. C'est pas toi Barthélémy. Putain c'est pas toi, c'est Charles ! »

Un sanglot m'a étouffée. Il s'est brusquement reculé en fronçant les sourcils. Je l'ai écarté de mon passage et suis sortie de son appartement, les larmes aux yeux, pleine de colère. Seule dans la rue déserte je me suis sentie perdue, démunie de tout, agressée par la violence de la vie, assommée par cette confusion qui persistait depuis le début. Charles et Barthélémy, les deux comme une seule et même personne. Ils se ressemblaient trop, ils avaient les mêmes cheveux, les mêmes mains, la même voix basse qui explorait les graves, cette façon de sourire, lente, ces yeux qui suivaient les mouvements, qui s'accrochaient à chaque détail. En Charles j'ai retrouvé une part de Barthélémy dont je ne me suis jamais détachée. Est-ce qu'inconsciemment j'ai créé une seule image à partir de ces deux hommes ? Est-ce que dans ma tête le trouble s'était installé dès le début ? Est-ce qu'en peignant Charles, mon cerveau a associé le portrait au visage de Barthélémy ? Ai-je été attirée par Charles seulement parce qu'il ressemblait à Barthélémy ? Oui. Avec lui j'avais la sensation de vivre enfin ce que j'avais toujours rêvé de vivre avec Barthélémy.

Mais entre eux il y avait toi, toi qui gâchais tout. Toi qui me disais qui aimer, surtout qui ne pas aimer. Pas Barthélémy, non, surtout pas, tu ne l'as jamais senti. D'abord plus vieux que moi, frivole, pas sérieux, un homme avec qui je serais malheureuse, un homme qui me volerait mes années de jeunesse, un homme qui ne croirait jamais en moi, il faudrait vivre pour lui et sa musique, c'est tout. Et Charles n'était pas mieux, je l'avais choisi par dépit selon toi, et aussi parce qu'il me rappelait cet homme passé, cet amour abandonné. Cet amour que tu as empêché. Je devais être comme toi : n'aimer personne à part toi. Tu disais qu'à deux on se suffirait toute la vie, pas besoin d'hommes entre nous, ils ne voudraient que nous séparer. Lorsque tu disais ça au lycée, je te croyais, j'étais d'accord, je suivais ton cheminement, c'était beau, sincère. Seulement, quelque chose a révolutionné ma pensée et là j'étais sur la voie de l'éloignement, je t'échappais, je glissais d'entre tes doigts comme un poisson qui s'agitait dans tous les sens. C'est normal, tu as eu peur que je t'abandonne. Tu as cherché à me priver de ma propre liberté et le pire étant que je te comprenais. Je comprenais ta peur parce que tu t'es toujours sentie seule et mal dans ta peau. Tu me touchais. Je t'aimais pour ça. Je me disais que toi seule pouvais m'offrir une amitié honnête sans jamais me mentir, me trahir, me délaisser, m'insulter. Le problème, c'est que tu m'aimais trop fort alors, tu m'as emprisonnée dans ton cœur. Tu n'étais pas seulement jalouse des femmes, tu éprouvais de la jalousie envers ceux qui osaient m'approcher, les êtres de testostérone, les sexes tendus, les gorges bossées par la pomme d'Adam, les carrures viriles, les sourires charmeurs. Tu étais jalouse des hommes. Personne ne devait approcher ta propriété privée, c'est-à-dire moi, aucun homme ne devait me faire l'amour, ni me sentir, me toucher, m'embrasser. Là je n'étais plus à toi, quelqu'un d'autre s'en emparait. Moi cependant j'étais comme un corps vide, je n'avais jamais aucun avis à donner, jamais un mot à prononcer, rien à contester. Je me suis moi-même abandonnée parce que comme toi, j'étais mal dans ma peau.

Cette nuit dans la rue j'ai pensé à ma mère. Comme un phare qui brillait au loin, au-dessus d'une mer à la consistance lourde et huileuse, noire et sordide. Je ne lui ai jamais demandé comment j'étais arrivée au monde, de quelle couleur j'étais, si j'étais fripée en sortant de son vagin, pleine de ce liquide amniotique. Elle ne m'a jamais dit si elle m'avait trouvée jolie ou repoussante, si elle avait pleuré quand elle m'a tenue la première fois dans ses bras. Je lui ai infligé la douleur la plus horrible du monde en sortant de son corps déréglé, et c'est comme si elle avait voulu l'oublier. Alors dans ma tête c'était comme ça depuis toujours. On ne racontait pas à son enfant sa venue au monde. Je n'y connaissais rien, je ne voulais pas d'enfant, moi non plus, je pensais que ce devait être surhumain d'être enceinte et d'expulser un être vivant de son propre corps. Je pensais que de toute façon je m'évanouirais, je serais mauvaise, je ne saurais pas m'y prendre, je n'aurais pas la fibre. Je me croyais comme toi Alexandra, mais peut-être que c'était toi qui m'avais mis cette idée en tête. Parce qu'un jour, si je venais à enfanter, je ne t'appartiendrais plus, j'aurais ma raison de vivre, la chair de ma chair, l'être que j'aurais conçu rien qu'avec un homme. Je ne serais plus disponible pour traverser la ville en courant ou à métro, je ne monterais plus les marches des escaliers quatre à quatre pour ouvrir ta porte à la volée et déraper dans ton couloir pour débarquer dans ta salle de bain carrelée. Je ne braverais plus les dangers du monde pour toi, je ne sécherais plus aucune de tes larmes, j'abandonnerais, je te laisserais encore sombrer, seule cette fois-ci, tu plongerais plus profondément dans tes addictions tandis que moi j'oublierais que peu de temps avant, tu étais la mienne. Je serais une femme, toi juste une moitié. Et tu boiterais toujours.

Chapitre 7

Un jour, je me suis rendu compte que ma mère avait vieilli d'un coup. Quand j'ai eu dix-sept ans, avant les dix-huit, après les seize, l'entre-deux, mi-adolescente et mi-adulte. Ses mots qu'elle cherchait, ces choses qu'elle oubliait constamment, son agacement lorsqu'elle ne trouvait plus ce qu'elle voulait dire, ses doigts au milieu du front, le regard planté par terre, la main sur la hanche. Sa bouche qui tombait, sa peau qui ramollissait. Son odeur avait changé aussi. Elle semblait plus épicée, plus humide, plus prenante. Lorsque je me suis rendu compte de ces changements – ce jour où je l'ai regardée étaler les courses sur le tapis, alors que je les lui passais, du plus lourd au plus léger comme elle disait –, quelque chose m'a pincé le cœur. Elle a voulu me faire plaisir pour fêter la fin de ma dernière année de lycée, achetant des Saint-Jacques et de la glace à la pistache. J'observais ses gestes lents, son regard qui se posait sur le tapis roulant, ses petites mains froides et légèrement plissées l'une dans l'autre, son sourire gêné quand nos regards se sont croisés. Ses joues tombaient un peu. Le soir en rentrant, elle s'est énervée à cause des Saint-Jacques qui avaient cuit trop longtemps, son visage durci paraissait vieux, très vieux, dépassé par la vie, agacé par ce qui n'allait pas. Tout semblait devenir compliqué pour elle. Le froid la pénétrait en toute saison, son éternel gilet posé sur ses épaules, les manches longues comme des bras d'homme vides et flasques. Finalement, je lui ai dit que les Saint-Jacques étaient bonnes et que ça me faisait plaisir, puis elle a dit : « Je me charge de la glace ! » Et je lui ai souri. On avait comme un semblant de complicité, une gentillesse soignée entre une mère et sa fille, une soirée à deux pour me féliciter, une soirée qu'elle me consacrait vraiment. C'était certainement dur pour elle de me voir me détacher peu à peu, de me laisser découvrir la vie rien qu'avec toi, d'emprunter des chemins qui lui étaient inconnus, elle ne savait rien et elle n'osait me poser aucune question. Elle passait tout de même derrière moi, parfois des choses dans ma chambre avaient bougé, elle entrait, elle vérifiait discrètement, elle s'assurait que je ne dérape pas dans un côté obscur, celui des addictions par exemple. C'est vite arrivé, la copine qui entraîne l'autre dans ses délires. Et puis elle se méfiait tellement de toi… Tu n'étais pas la fille la plus fréquentable, d'abord à cause de ta mère, la *salope parisienne*, avec ce rouge sur ses vieilles lèvres fines, son passif professionnel qui lui a valu d'attirer tous les hommes, puis aussi à cause de ta personnalité. Bref, qui étais-je censée devenir en traînant avec une fille comme toi ? Tout ce temps, je ne me suis pas sentie seule et toi non plus, car on était seules à deux, la solitude m'est tombée dessus après, exactement à ce moment, après le portrait découvert chez Barthélémy.

Là je n'avais plus personne à part Leonardo qui s'est pointé chez moi avec sa veste en cuir et ses cheveux gominés en arrière, brillant d'un reflet parfait. De petites boucles sombres caressaient le haut de sa nuque, son nez était fort, ses narines s'écartaient dès qu'il me saluait, une sorte de tic causé par la gêne inconsciente et l'intimidation. Il était vingt heures passées. Ce soir-là, je m'étais remise à peindre quelque chose qui ne me ressemblait pas. Je m'étais plongée dans une quasi-obscurité troublée seulement par une petite lampe jaune et ronde, je laissais mes pinceaux glisser sur la toile alors que j'étais positionnée en face de la fenêtre ouverte. La fraîcheur d'automne s'engouffrait et m'effleurait, Gainsbourg était là, sa voix dans mes oreilles et dans mes tripes, je l'écoutais en pleurant, en peignant, en vrillant dans mon délire psychédélique. Je représentais ma fenêtre et les lumières au loin, sans chercher à créer une ressemblance avec la réalité, je voulais que tout soit bancal, que tout s'effondre, que le point de fuite soit le centre d'un immeuble qui s'écroule. Un immeuble monstrueux dans une poussière noire. Et ma fenêtre lumineuse, grande ouverte, ni carrée ni rectangulaire ni ronde, sans angle droit, sans trait précis. Il y avait une main aussi. Rien qu'une main agrippée férocement au rebord. Comme quelqu'un assoiffé de survie qui cherchait à grimper, mais ce quelqu'un n'y arrivait pas, ses doigts faiblissaient sous le poids de son corps. Et mon tableau n'apportait ni réponse ni fin à cette vision dramatique, on pouvait imaginer que je me trouvais seule face à cette fenêtre et que je ne venais pas en aide à cette main, j'observais le monde se déconstruire et l'humanité se détruire.

Alors Leonardo est entré et je n'ai rien trouvé à lui dire, mes pensées étaient encore centrées sur mon tableau. En tombant dessus, Leonardo m'a complimentée, simplement, naturellement, sans artifice. Il avait apporté du vin et des noix de cajou. Nous avons bu au bord de la fenêtre et au fil de la soirée je me suis mise à pleurer sur son épaule. Qu'il était étrange ce type, il arrivait à me consoler et à me mettre à l'aise alors qu'on se connaissait peu, pour tout dire. Comment faisait-il ? Pourquoi tu n'es pas restée avec lui ? Il t'aurait protégée de tout, tu aurais eu la liberté de pleurer sur son épaule et te laisser aller dans sa délicatesse. Trop délicat pour toi, c'était ça le problème. Avec Leonardo, j'ai noué une sorte de complicité pareille à celle que j'avais avec Clyde : il n'y avait pas besoin d'avoir le même langage pour se comprendre. On conversait de choses tout à fait inutiles, le plus souvent il me laissait parler. Je n'avais pas l'habitude de parler autant avec quelqu'un, je me sentais bien habituellement lorsque j'écoutais, je hochais la tête et j'étais emphatique. Mais là ma langue se dénouait, j'osais avoir le visage en larmes ou rire comme une débile. Pourtant lui il était assez stoïque et j'ignorais ce qu'il cherchait, je ne savais pas s'il attendait quelque chose de moi, s'il s'ennuyait, si lui aussi il était seul. Mais ce soir j'ai osé :

« Tu as quelqu'un dans ta vie ?

— Plus maintenant, pas depuis Alexandra.

— Vraiment ? Depuis tout ce temps ?

— J'ai eu mal ma bella, tu sais. J'étais très amoureux. »

Là quelqu'un a sonné d'en bas. En ouvrant, j'ai entendu retentir des pas dans la cage d'escalier. Charles. Le visage grave, bouffi par un bleu sur la pommette et la mine grise, les yeux bleus froids. Tandis qu'il jetait un coup d'œil dans l'appartement, la vision de Leonardo a semblé le terrasser. Moi j'avais les larmes aux yeux en le regardant. « Tu t'en fous de moi en fait », a-t-il dit faiblement. Leonardo était immobile dans mon dos, vers la fenêtre. Moi, accablée. J'ai secoué la tête :

« Non, Charles, non.

— C'était qui ce mec avec qui tu es partie hier ?

— Quelqu'un que j'ai connu quand j'étais plus jeune, ça faisait très longtemps, je ne m'y attendais pas…

— Et moi ? T'as pensé à moi ou quoi ! »

Il a fait un tour sur lui-même en passant ses mains sur sa tête. J'ai fermé la porte dans mon dos et je l'ai invité à sortir de l'immeuble avec moi. Dans la rue le noir nous écrasait, je voyais à peine son visage, comme caché derrière des lunettes de soleil. Je détestais ça.

« Et lui c'est qui ?

— Il était avec Alexandra, avant. Il…

— Et maintenant il est avec toi, c'est ça ?

— Mais non, il est venu, je ne sais pas pourquoi. »

J'avais l'impression de m'enfoncer. Je n'avais aucune réponse à lui apporter, j'étais la seule responsable de notre dispute et je n'ai jamais voulu en arriver là. Je n'ai rien maîtrisé et désormais j'avais la sensation de ne rien pouvoir arranger.

« Putain, mais tu fais tellement mal Marjorie, tu te rends pas compte. »

Sa voix tremblait, l'humidité dans ses yeux brûlait les miens, je voulais couler sur le sol, je n'étais plus moi, j'étais un monstre, je venais de me planter un couteau dans le pied et je faisais du mal à un homme que j'aimais. Mais est-ce que j'étais vraiment amoureuse ? Ma seule excuse était que j'étais terriblement maladroite, je ne savais pas faire. Je ne savais pas comment comprendre le fonctionnement des hommes.

« Et ta copine là, Alexandra, elle m'a mis son poing sur la gueule. Elle m'a dit que je ne servais à rien, que j'étais juste une pourriture comme les autres, un mec qui profitait de toi. Alors ouais on s'est battus, je l'ai poussée, elle est tombée. »

Mes jambes allaient se dérober, c'était une véritable spirale infernale qui ne s'arrêterait jamais. Toujours le même schéma à répétition. Tu dénigrais chaque homme, chaque fille, chaque humain. Ton seul but était de m'éloigner d'eux à tout prix. Je n'avais jamais vu Charles dans cet état de colère, dans cette violence de paroles, cette position de lion qui tournait dans sa cage et d'homme amoureux qui ne comprenait pas. Il l'a dit : « Je ne comprends pas bordel ». Bordel, il ne comprenait pas ! Moi non plus bordel je ne comprenais rien !

« T'as même pas cherché à me revoir aujourd'hui, même pas pour t'excuser… Mais t'es qui en fait ? »

Marjorie. Moi-même. Mais ce soir j'ai cru incarner ma mère. Incapable de montrer quoi que ce soit, handicapée des sentiments, une chose renfermée sur elle-même, quelqu'un à qui tout échappait, qui ne contrôlait rien. Mais on ne montre jamais comment il faut faire en amour, comme si c'était inné. On ne dit pas comment il faut s'excuser, comment il faut rattraper, comment ne pas avoir peur, comment trouver seul la solution.

« Tu sais ce que je crois, je crois que tu t'es laissée bouffer par cette folle pendant tout ce temps. »

Il est parti. Il m'a laissée comme ça sur le trottoir sans en dire plus, il n'a pas attendu, il a eu trop mal au cœur, trop la nausée, trop dégoûté. Moi j'étais une flaque, une mare de rien, une goutte de sueur, une larme ridicule qui tombait par terre. Alors tu lui as mis ton poing sur la gueule, tu as osé frapper son visage, t'attaquer à sa beauté, te mêler de ce qui ne te regardait pas. Tu ne savais donc pas faire autrement.

Leonardo a poussé la porte de l'immeuble et a passé une main immense et réconfortante sur mon épaule. Il cherchait mon regard puis a fini par me prendre les deux mains. « Je vais y aller. » Je crois n'avoir rien répondu, j'ai hoché la tête et je l'ai regardé démarrer sa belle voiture luxueuse, j'ai écouté le moteur qui ronronnait, j'ai senti l'odeur du pot d'échappement, j'ai vu ses mains empoigner le volant en cuir, le serrer fort, puis je l'ai regardé s'éloigner. Le silence s'est ensuite fait total, un point persistait dans mon crâne, mes oreilles sifflaient comme si j'avais été trop proche des enceintes.

À cette période tout est allé trop vite. Personne n'a réfléchi, pas même moi. J'étais juste entre vous tous et je ne savais pas où donner de la tête, j'étais une sorte de poupée qu'on s'accaparait, et je n'ai jamais compris pourquoi moi je rentrais dans ce rôle. Peut-être parce que moi je n'ai jamais rien demandé, parce que toute ma vie j'ai écouté, j'ai concilié, j'ai eu trop peu de culot, je n'ai pas priorisé ma liberté. J'avais besoin de reconnaissance, l'envie vitale d'être aimée, et chaque fois que ça m'arrivait je fuyais, j'avais peur parce que tu m'empêchais d'apprendre à aimer. Tu m'as dressé le portrait des hommes en t'inspirant de ceux que ta mère te présentait. Les *chiens galeux*, les *gros dégueulasses*, les *pervers*, les *tordus*. Pour toi l'homme s'attachait au corps d'une femme, jamais à son cœur, il ne lui faisait pas l'amour, mais il la baisait, il se soulageait et il la tartouillait, la pétrissait comme une pâte à pain. Les hommes que tu as vus dans ton enfance t'ont dégoûtée parce qu'ils faisaient partie d'une catégorie, ils appartenaient à la case des *pervers*. Ta mère ne les aimait pas non plus, comme toi elle n'était jamais amoureuse, elle ne s'attachait plus. Elle te disait : « T'attacher à eux c'est te détruire toi-même, jamais ils ne t'aimeront. Tu as juste à bomber la poitrine, t'approcher d'eux, mettre du rouge à lèvres et être extravertie. Là tu les attires pour une nécessité vitale, animale et humaine à la fois. C'est du plaisir qui ne dure pas longtemps, mais tu agis comme eux et tu es soulagée, même si tu te sens sale après. » Ces hommes te faisaient peur, ta mère avait besoin qu'on la touche, pas qu'on l'aime, toi tu voulais juste une mère. Au final tu es devenue comme ta mère, peut-être même pire qu'elle. Pire qu'une *salope parisienne*. Les hommes tu leur crachais dessus comme sur un trottoir malpropre, tu leur crachais ta colère à la gueule, ta révolte contre le monde, ta haine d'exister, ton mal-être que tu n'as jamais su surmonter. J'ai seulement eu ta version, celle qui exposait l'image des hommes sur le podium de la saleté et de la perversité. Moi j'ai voulu y voir autre chose, j'ai cherché à creuser pour leur trouver ce quelque chose que les femmes n'avaient pas et ne savaient pas déceler. Qu'est-ce qui nous charme autant chez les hommes ? Leurs mains quand ils vous prennent par la taille, quand ils vous caressent et vous embrassent comme leur chose précieuse, et alors quand ils le font vous avez le goût de l'éternité. Ils sont doux lorsqu'ils vous regardent, ils sont hommes et animaux, ils ont des bras, des jambes, une nuque exceptionnelle, une voix qui vous murmure à l'oreille quand ils vous font l'amour avec délicatesse, pour prendre soin de vous. Mais avec toi la suite dérogeait à ce qu'ils semblaient promettre. Non ils ne voulaient pas l'éternité, ils cherchaient des lèvres la sensation d'éternité dans une nuit noire et blanche avec une femme, comme on fume un joint qui fait planer, ça semble paraître éternel. Un homme peut dire qu'il plane en fumant une clope, et là son regard change sur vous, il plane et il le dit, il cherche à vous attirer, du genre : « Je plane là, j'ai trop envie de toi, tout de suite maintenant ». C'est con et terriblement attirant. Vous aimeriez planer ensemble en appréciant étrangement ce goût de tabac qui flotte dans vos bouches humides de soirée arrosée et qui ont faim de lèvres. Le mec tu le vois avachi comme un long sac poubelle inerte, qui tient entre deux doigts une cigarette, tu lui trouves une beauté inqualifiable, tu aperçois entre sa ceinture et son tee-shirt un morceau de chair, chair de poule parce que c'est un soir d'été, tu lui lécherais la peau, l'aspirerais jusqu'au sang pour avoir son goût à lui d'hormones masculines dans ta bouche pour toujours, jusqu'à ta mort, il te rend dingue, folle de lui, amoureuse, vibrante.

La journée les hommes ne se comportent pas pareil. Et puis ils vous entraînent avec eux dans leur envie torride, cette envie de corps, de soif et de faim, de morsures et de langues qui se combattent goulûment. Barthélémy les soirs dans l'éclat furtif des lumières de couleurs agressives, il me rendait toute chose, moite, les muscles ankylosés, la bouche sèche. La journée c'était timide, il regardait ailleurs, une fille parfois qui passait par là, une cigarette fumée pour tromper la gêne. La nuit j'avais envie de lui, à partir de vingt et une heures, dès que la batterie s'énervait et que la guitare s'affolait. La musique y était pour quelque chose, elle semblait à elle seule le faire jouir. Et en face il y avait moi qui le regardais avec des yeux ronds, pupilles dilatées comme jamais, peau rosée, lèvres entrouvertes. Avec la nuit c'était toujours l'espérance d'un lendemain. Sans qu'on se soit embrassés. J'étais folle de lui comme j'étais folle de toi. Et alors peut-être que la folle dans l'histoire c'était moi, personne ne saurait le dire. Est-ce que c'est à cause de toi, m'aurais-tu rendue folle ? Ou est-ce moi qui t'ai contaminée de folie ? Mais amoureux on est addict de cette folie. Tu te tuerais si tu n'avais plus personne à aimer. Sans Barthélémy, j'ai eu envie de me planter comme un piquet dans une gare face aux trains qui passaient, sans Charles j'ai eu envie d'avancer de quelques pas, sans toi j'ai eu envie de m'y jeter. À vous tous, vous étiez les étapes réunies d'un drame suicidaire parfait.

Ado, tu associes automatiquement l'amour à la haine, tu as constamment mal sans savoir pourquoi, toujours fébrile dans un état presque maladif, fade comme une endive et rouge comme une grosse tomate trop juteuse qui éclabousse partout. Tu te crois fou de toute façon. Tu cries tu pleures tu ris tu grognes tu apprends à embrasser à rouler des pelles à dire je t'aime à dire pardon à pardonner à expliquer à parler à détester à admirer à dominer à te taire la fermer puis l'ouvrir pour scander ta haine ou ton amour. De toute façon, tu l'ouvres rarement quand il le faut vraiment, tu la fermes quand il faudrait peut-être l'ouvrir, tu regardes là où il ne faut pas, tu vomis parce que tu as abusé avec l'alcool, le joint qui tourne et qui passe entre toutes les lèvres qui palpitent, le cœur en explosion, l'ébullition, le n'importe quoi, la débilité, la connerie, mais véritable connerie de gamin qui te fait rire puis qui te fait pleurer. Un mec qui passe et que tu aimes déjà, une fille que tu admires parce qu'elle n'est pas comme toi. Tu te veux exceptionnel, la meilleure version de toi, tu tentes le mode de vie écolo, tu penses aux baleines dans les océans et tu ne sais pas pourquoi, mais tu fumes quand même parce que ça te fait oublier, tu aimes et tu t'ennuies à mourir, tu penses à des choses noires qui ne t'aident pas forcément à comprendre. Tu dis et tu écris n'importe quoi, tu as honte à retardements, après une fête qui finit mal, après un baiser qui n'a pas duré bien longtemps, après ta culotte qu'un mec a voulu t'arracher, un soutif qu'il a détaché. Tu t'en veux d'abord à toi, ensuite aux autres, tes parents les cons, les adultes la vieillesse, la jeunesse la prouesse. Tu es l'éclat. Le sang qui circule dans tes veines parce qu'enfin tu te rends compte de ce que ça fait d'exister. On prend soudain et sérieusement conscience de toi et tu n'as rien demandé. Ensuite, il arrive qu'on t'oublie et tu imagines tomber au plus profond du trou d'un puits, duquel tu ne pourras jamais sortir. Tu découvres à quel point ça peut être dur et bon de vivre, d'aimer, fort, trop fort, pas assez fort. Ce monde est un chou-fleur. Ça pète un peu de partout, ça va dans tous les sens, c'est volumineux, mystérieux, ça vaut le coup d'œil. Ça peut valoir quelquefois d'en disparaître pour arrêter de souffrir, tu y penses, puis tu oublies parce que ce genre d'idées c'est vraiment con.

Des fois je me disais : *l'Enfer c'est toi.*

Troisième partie
Moi
1996

Bien sûr il n'est rien besoin de dire
À l'horizontale
Mais on ne trouve plus rien à se dire
À la verticale
Alors pour tuer le temps
Entre l'amour et l'amour
J'prends l'journal et mon stylo
Et je remplis
Et les a et les o

Ce Mortel Ennui, Serge Gainsbourg, 1958

Chapitre 1

Chère moi, ensuite il y a toi. Toi, Marjorie. La Marjorie qui s'ennuie, entre clopes et peinture, Marjorie qui a décidé d'écrire parce qu'elle pense n'avoir besoin plus que de ça pour exister. Tu as tout laissé, loin, ton passé englobe dans une même bulle étrange et pleine de buée trois corps, trois visages : Barthélémy, Charles et Alexandra. Ils sont le drame de ta vie, et en dehors d'eux il y a Leonardo, et tu ignores parfaitement, depuis toujours, la raison de sa présence dans ta vie. Vous n'êtes pas amoureux, pas particulièrement amis, vous êtes quelquefois confidents, vous vous faites des compliments, vous souriez peu et tu parles plus que lui. Vous fumez à la fenêtre face à Paris l'hiver et l'été vous portez tous les deux des lunettes de soleil quand vous buvez un verre en terrasse. Il contemple chacune de tes peintures et donne toujours un avis très sincère, même si parfois ça te fait mal. Il sait être objectif, Leonardo. Et grâce à lui tu vends des peintures, tu es douée, on te complimente lors d'expositions, ton style évoque toujours celui de Frida Kahlo, ça plaît beaucoup aux gens. On te tend quelques coupes de champagne et tu portes à ces occasions particulières des robes qui t'arrivent bien au-dessus des genoux, des robes qui dévoilent tes jambes longues et fines, galbées par la course à pied et les mollets parfaitement dessinés par le rehaussement de tes talons. Tu es jolie et on te le dit souvent, des pieds à la tête, il arrive qu'on te regarde. On t'observe de loin quand tu fumes, mais tu ne le sais pas, tu ne sais plus, tu ne regardes plus, tu es toujours dans ton monde lointain et ton univers un peu vide. On t'a déjà dit que tu avais tout pour toi, mais pourtant ça ne suffit pas. Non, tu n'y crois pas de toute façon. Tu as pris un trait de caractère particulier, tu as l'air d'être sûre de toi sans forcément paraître hautaine, tu fais femme, femme inaccessible au sourire difficile. Une femme à coquille qui a tout pour elle et le cœur bien trop lourd, qui sort pour s'évader et fume pour oublier.

Un an plus tard, en 1995, face à Alexandra, tu es une entité vide. Tu meurs d'ennui comme la chanson de Gainsbourg, tu as oublié comment sourire. Et Leonardo te dit souvent que c'est triste, mais tu lui réponds que tu t'en fous royalement. *Royalement.* Ton nouveau mot, celui qui claque, qui appuie ton caractère de merde et obstiné. Tu ne veux rien entendre, car tout ce qu'on peut te dire tu t'en fous *royalement.* Alors Alexandra passe quelquefois par là, refait surface dans ta vie. Tu la croises à Paris, tu fais mine de ne pas être atteinte, tu es un bloc de glace, tu as pris l'habitude de te tenir bien droite, la poitrine vers l'avant, le menton haut, les yeux qui cherchent à ignorer. Le plus souvent tu la croises à la station de métro, tu la vois toujours de loin parce que déjà tu as la mémoire physionomiste, tu as un talent incroyable pour reconnaître les gens de dos, de loin, de profil, sous la pluie, à leur démarche. Elle, Alexandra, c'est trop facile de la reconnaître. Elle a gardé sa blondeur et ses frêles épaules, sa tête qui penche toujours un peu de côté, comme dépassée, dans les airs, loin de tout, dans les vapes, fatiguée, agacée. Et alors quand elle tourne la tête, elle tente un sourire qui n'atterrit nulle part, qui ne provoque aucune réaction de ta part. La foule passe devant Alexandra, la bouscule un peu, elle fait presque mal au cœur, c'est toujours la même sensation. Un mal de cœur terrible. Il t'arrive de vouloir sourire, mais très vite tu te résignes parce que la rage, la haine surpassent tout. Elle t'a empêchée de vivre, elle a empêché tous tes amours, t'a écartée, t'a étouffée, t'a tuée à petit feu. Tu la laisses ainsi à sourire bêtement dans le brouillard matinal en cet hiver 1995 qui pénètre à l'entrée de la station. Ses yeux rouges cherchent les tiens, constamment, ils sont suppliants, ils crient à l'aide, ils ont besoin de toi, encore, c'est vital. Tu ne sais même plus comment tu es parvenue à savoir ignorer, passer outre, faire mine d'oublier. Au bout d'un moment, on ne sait plus, on se tait, c'est tout, et on regarde droit devant. Mais toujours, elle revient tirer ton regard vers l'arrière, elle est là dans la station, perdue dans le bruit sourd des métros qui passent à toute vitesse dans les tranchées mortelles. Elle est là avec son manteau d'hiver, elle a froid parce qu'elle est trop maigre, à chaque fois tu as l'impression qu'elle a pleuré, elle est démunie de tout, comme une gamine orpheline abandonnée dans une gare. Tu ne sais même pas où elle se rend. Tu te demandes d'ailleurs si elle ne fait pas exprès de se planter là juste pour te voir de loin, ou te suivre sans que tu t'en rendes compte. Avant de t'endormir, la vision de son corps immobile qui tout entier te regarde toi apparaît violemment dans ta tête. Telle une migraine trop forte. Ça vient d'un seul coup, et doucement ça repart, mais la douleur revient encore plus forte, tu t'en cognerais la tête contre le mur.

Ensuite ton métro arrive et t'attrape au vol, c'est comme un refuge, il t'emmène loin d'elle, mais tu sais que tu la reverras. Ça fait presque peur. Tu ne sais pas où elle en est avec l'alcool et la drogue, tu te doutes seulement qu'elle continue, que sa vie est désormais dévorée par ces deux addictions toxiques. Tu te dis toujours que tu n'es pas tellement mieux avec ces clopes que tu enchaînes, surtout le soir quand tu rentres, à la fenêtre, entre tes deux doigts. Tu ne réfléchis même plus lorsque tu sors une clope, ton geste est mécanique, ton cerveau ne le décide plus, ton corps l'a imprimé, mémorisé. C'est mort. C'est fini. C'est ta vie maintenant. Dans le métro tu es toujours perdue dans tes pensées, tu commences par laisser tomber ton regard sur le sol, comme la lumière jaune pissée par un lampadaire sur le trottoir, ensuite tu le portes autour de toi, discrètement. Car cette envie démangeante ne t'a pas quittée. Regarder les gens, constater leurs petits trucs, dévisager, admirer, envier, être parfois dégoûtée. Cela fait partie de tes plaisirs. Il arrive que tu croises souvent les mêmes personnes, dont cet homme d'à peine vingt-cinq ans qui porte des lunettes rondes. En hiver il a sa longue écharpe à carreaux autour du cou, à la manière d'une serviette de bain, par-dessus son long manteau ouvert, il serre la barre d'une main crispée tandis que l'autre tient un petit cartable de cuir. Les mouvements furtifs du métro font légèrement fluctuer son long corps. Études de médecine, c'est certain. Il y a une femme aussi, métisse, bombée de partout, des seins jusqu'aux fesses, ses yeux à la forme quasi horizontale donnent l'impression qu'ils sont toujours plissés par la sévérité. Elle regarde droit devant, pas inutilement, son regard est porté uniquement vers l'endroit où elle compte aller, elle semble organisée, même dans sa façon de se déplacer. Elle décèle à l'avance les sièges libres, les gens pénibles qui pourraient nuire à sa tranquillité. Le genre de femme qui a juste à regarder celui qui l'emmerde pour le faire déguerpir. Au pire elle dit : « Qu'est-ce t'as toi ? » Et voilà. Sa voix résonnante comme un tambour la sauve. On la remarque toujours de loin avec toutes ces couleurs dans ses vêtements, des couleurs qui ne vont jamais ensemble. Des jeans bleu ciel hyper moulants, un chewing-gum mâché, remâché, astiqué dans tous les sens, sous la langue, jusqu'au fond des joues, sur les dents, une pause, puis ça reprend, le mouvement circulaire est toujours du même sens. Elle est accompagnée d'un petit sac à main qui paraît bien inutile si l'on imagine qu'elle travaille, mais elle est là chaque matin et chaque soir, avec sa musique dans les oreilles, ses tresses en vrac et son regard en lame de rasoir. Tu envies depuis toujours ces femmes de caractère, tu admires la force de leur voix, leur regard scindant, presque ces mimiques hautaines. Tu admires le genre d'Alexandra. Aujourd'hui tu te poses encore la question et tu ne peux t'empêcher de te comparer à elle. Toi tu n'as jamais eu autant de force dans la voix parce que tu as peur de trop exister. Alexandra ne se privait pourtant pas d'exister, elle, et ça t'allait, comme si elle existait pour deux. Tu en penses quoi d'elle maintenant ? Quelles sont ses valeurs ? Ses valeurs sont maintenant pourries à tes yeux, elles ne brillent pas, elles ne sont pas si admirables. Et lorsque tu te dis ça, tu culpabilises, tu ne devrais pas penser aussi méchamment. Tu ne devrais pas penser à ce qu'elle est en réalité puisque cette vérité gâche totalement l'image que tu te faisais d'elle.

Et ta mère dans ta vie, elle est toujours là, elle n'a pas bougé, juste pris quelques rides. Elle a un chat maintenant, un énorme chat à poils longs qui se confond dans ceux des tapis. Il ne fait que bouffer et dormir, il tord du cul quand il marche la queue en l'air, il est comme ces hommes d'affaires qui se la pètent, croyant que le monde tourne autour d'eux et que tout leur est dû. Quand tu vois ce chat, tu le regardes avec une admiration démesurée. Ce chat est en fait incroyable et détestable, il est même manipulateur, il te regarde avec des yeux féroces quand tu arrives et il monopolise ta mère en restant couché sur ses genoux comme sur un trône. Elle est son appartenance et elle à sa merci. Il est comme Alexandra ce chat, envoûtant, manipulateur, narcissique, beau, savant, méprisant. Donc tout se rapporte constamment à elle. Le chat a même droit à un prénom brave : Stanislas. Tu as dit à ta mère que c'était n'importe quoi, mais elle a ri, lui caressant amoureusement le dos tandis qu'il levait plus haut le menton et courbait sa colonne vertébrale. Quel chat méprisant.

« Stanislas c'est élégant, je trouve. Exotique. Américain. Royal. Pétillant. Ça fait champagne. Tout lui », a-t-elle justifié son choix sans même te regarder, les yeux rivés sur le chat qui savait à quel point il lui plaisait.

Pourquoi champagne ? Tu n'as jamais compris, ça n'a aucun sens. Des fois, ta mère dit des choses qui n'ont rien à voir les unes avec les autres, mais tu mets ça sur le compte de son imagination débordante et de son amour du vocabulaire et des adjectifs. Elle en colle plein les uns derrière les autres dans les conversations, elle aime la précision.

Tu es restée sceptique depuis et tu as développé une véritable méfiance envers ce chat, qui d'ailleurs le ressent à tel point qu'il te snobe complètement et fuit dès que tu approches.

« Fais attention avec ce chat maman.

— Hein ? Avec Stanislas ? Mais pourquoi tu dis ça, il est très bien Stanislas, et puis ça me fait une compagnie au quotidien.

— Fais attention quand même.

— Ça a pas l'air d'aller toi en ce moment. »

Elle ajuste ses lunettes avant de te resservir une énième tasse de thé noir âpre et brûlant et tu n'en peux plus, ta vessie est pleine. Aux toilettes, tu te mets à pleurer assise sur la cuvette bleue. Tu fixes la porte et la pile de magazines *Elle*. Ça ne va pas du tout, c'est vrai. Peut-être que c'est à ce moment de ta vie très exactement que ta folie commence à se développer et te bouffer petit à petit. Ou alors c'est une détoxication alexandrine, comme pour la drogue. Tu passes par différentes phases, dont la colère, le manque, les larmes, la fatigue, l'envie de replonger. Lorsque tu reviens dans le salon, l'appartement de ta mère te déprime, derrière la fenêtre le soleil hivernal, la longueur du temps qui s'étire infiniment, personne dans les rues, l'image qui ne bouge pas, l'envie d'évasion et de sensationnel. Tu serais prête à hurler jusqu'à vomir dans un manège mortel pour sortir de cet ennui qui tôt ou tard te fera mourir.

Tu salues ta mère puis te retrouves dans la cage d'escalier tandis qu'elle vient de refermer la porte derrière toi. Souvent, elle attend à la fenêtre et te fait un signe de main du haut de l'immeuble, avec un sourire qui s'efface très vite dès que tu as tourné la tête. Tu entends le bruit de la fenêtre qui se referme et qui semble résonner jusque dans ton cœur qui, soudain, pèse trop lourd. Ce jour-là, tu restes un moment plantée sur le palier, les bras ballants, le regard immobile. Tu portes attention au silence bruyant qui résonne comme dans un aquarium, l'oppression de cet endroit, les carreaux cassants des marches d'escalier, la rampe écaillée caressée des années durant par des mains, sales, propres, des mains de vieux ou d'enfants. Tu constates leur rotation immobile, figée, ces marches qui n'attendent que tes pieds, des marches glissantes si on les descend trop vite. Ça sent le poulet au citron. Un rire s'élève puis meurt. Plus rien. Tu finis par entendre seulement le bruit de ta propre respiration saccadée, faible, qui n'ose pas faire gonfler ta poitrine, un souffle enfermé dans la gorge et qui n'arrive plus à sortir, étouffé, camouflé. Une sensation pareille au sentiment de peur quand tu es enfant, tu te tais et tu ne bouges plus, tu as entendu un bruit alors que tu es tout seul, ton souffle est court, tes jambes molles. D'ailleurs, ça te rappelle la période à l'internat avec Alexandra, dans la chambre partagée avec les deux pétasses pleines de vernis et de maquillage. Tu les as toujours qualifiées de filles perdues, car c'est bien connu, les filles comme elles se prennent déjà pour des grandes alors qu'elles ne connaissent rien à la vie. Elles sortent avec des mecs beaucoup plus âgés qui les baisent vite fait dans leur voiture pourrie, fourrent leur langue dans leur bouche puis leur tendent un joint, elles se laissent faire en croyant aimer ça. Elles se sentent libres alors qu'elles sont paumées. Car en réalité les soirs, elles pleurent dans leur oreiller.

Et il y a eu cette nuit où Alexandra et toi étiez d'humeur à faire des conneries. Elle t'a rejoint dans ton lit et t'a murmuré à l'oreille : « J'arrive pas à dormir, ça te dit qu'on se promène dans les couloirs ? Et je te mets au défi de frapper à la porte de chambre des gars et de partir en courant. » Le défi ne te réjouissait pas tellement parce qu'en vérité tu avais la trouille. Pourtant tu as dit OK et vous êtes sorties de la chambre sur la pointe de vos pieds nus, Alexandra étouffait son rire comme elle pouvait même si elle pouffait au moindre grincement de porte. Dans le couloir tout noir, vous vous êtes serrées l'une contre l'autre comme deux gamines et vous vous êtes cogné la tête. Vous avez éclaté de rire avant de faire : « Chut ! » Un instant vous vous êtes arrêtées et Alexandra a eu l'idée d'allumer sa petite lampe torche. Vous avez vérifié que personne ne vous suivait et vous avez entamé les escaliers menant aux chambres du haut, aux *couloirs des garçons*. Arrivées en haut l'excitation vous a gagnées et des frissons vous ont secouées. Aucune fille ne devait s'aventurer dans ces couloirs, car le règlement l'interdisait formellement, de même pour les garçons. Vous marchiez tout doucement, passant devant les premières portes à gauche et à droite, les yeux ronds comme des soucoupes dans la semi-obscurité, le cœur à cent à l'heure, la sensation de braver l'interdit : s'aventurer dans *les couloirs des garçons* en pleine nuit. Vous risquiez gros si vous vous faisiez surprendre. Vous avez cru entendre une sorte de craquement. Les cœurs se sont mis à battre plus vite encore, jusque dans les lèvres, vos corps se sont immobilisés au milieu du couloir soudain terrifiant. D'une main, Alexandra tenait la lampe torche, de l'autre son sein. Elle faisait tout le temps ça quand elle avait peur, elle posait une main sur son sein. Tu sentais contre ta peau son souffle chaud de stress. Et puis elle a dit : « C'est rien, ça doit être quelque chose qui a craqué. Il y a toujours plein de bruits bizarres la nuit. » Sur ce, vous avez continué plus prudemment votre ascension de l'interdit, les corps en surchauffe, les cheveux collés aux tempes moites d'angoisse.

« Je frappe à quelle porte ?

— La chambre de Benjamin et des autres couillons.

— On les connaît même pas.

— On s'en fout, et tant mieux, de toute façon ils vont pas savoir que c'est nous parce qu'on va partir en courant. »

Alexandra savait très bien où se trouvait la fameuse porte, avouant qu'elle avait déjà entendu Benjamin le dire une fois. Elle aimait beaucoup Benjamin, un grand mec avec de longs poils noirs aux jambes qui portait toujours des casquettes, des joues rêches rasées tous les trois matins, drôle sans le vouloir, un sourire immense et des yeux pénétrants qui fixaient sincèrement ceux des autres lorsqu'il parlait. Il avait un certain charisme qui impressionnait toutes les filles, dont Alexandra. Mais elle n'osait pas le dire et pourtant tu l'avais deviné. Benjamin ne vous a jamais adressé la parole, il vous connaissait de vue parce que vous fréquentiez le même internat, vous vous croisiez à la cantine. Alexandra rougissait à chaque fois qu'il était derrière elle pour vider son plateau, et elle ne pouvait s'empêcher de se toucher le sein. Le seul mec dont elle s'est amourachée secrètement pendant son adolescence.

« Pourquoi toi tu le fais pas ?

— Et pourquoi pas toi ? »

Elle avait de la répartie Alexandra, alors avec cette réponse vous n'en auriez jamais fini. Tu as réuni tout ton courage et avancé lentement ton poing vers la porte. Les yeux ronds de ta meilleure amie le fixaient impatiemment. « Vas-y fais-le », a-t-elle chuchoté plus fort. Tu avais l'impression que ton souffle pouvait s'entendre de l'autre bout du couloir, et à travers la porte. Tu avais une trouille sans nom. Au bout d'un moment, comme la respiration d'Alexandra bourdonnait désagréablement dans ton oreille, tu as fini par frapper, fort comme il faut, trois ou quatre petits coups brefs et rapides. Après ça, vous êtes restées immobiles comme deux imbéciles, elle les mains broyant ton avant-bras, toi les jambes tremblantes. Finalement, la lampe d'Alexandra s'est éteinte toute seule parce que les piles ne fonctionnaient plus : « Merde ! » Puis un bruit dans la chambre a retenti et vous vous êtes mises à courir dans une direction inconnue. Étrangement vous ne vous rappeliez plus par quel côté vous étiez arrivées et dans le noir, la difficulté était plus grande encore. Se risquer à allumer les lumières du couloir et des escaliers n'était pas une bonne idée. Mais pendant que vous couriez dans le noir une porte s'est ouverte, vos cœurs ont loupé un battement et mécaniquement vos corps se sont immobilisés. Vous étiez grillées. Un mec a passé la tête par l'entrebâillement de la porte et ne voyant rien, a allumé une petite lampe à faible intensité pendant qu'il sortait dans le couloir. Alors qu'il s'est tourné dans votre direction, vous avez reconnu le visage fatigué de Benjamin, sans sa casquette, torse nu, un vieux calbut un peu détendu qui tombait pile-poil sur les os de ses hanches. Un moment immobiles, vous vous regardiez tous les trois bêtement d'un bout à l'autre du couloir, vous collées comme deux sangsues contre le mur, lui en plein milieu du couloir, soudain trop grand, immense, grave, les cheveux décoiffés, à la fois très attirant et terrifiant.

« Qu'est-ce que vous foutez vous ? a-t-il craché dans un murmure qui frôlait l'emportement.

— Rien », a fait Alexandra trop doucement pour qu'il l'entende.

Comme deux gamines prises la main dans le sac, vous êtes revenues sur vos pas la tête basse, passant devant lui au passage, rouges de honte, en direction des escaliers. Benjamin t'a attrapé l'avant-bras fermement, un son est sorti de ta poitrine.

« C'est vous qui vous amusez à frapper aux portes ? »

Il te regardait toi, fixement, sévèrement, il faisait presque peur dans la semi-obscurité, ses pupilles semblaient trop dilatées. Pourquoi il te regardait toi ? Il a dévié son regard vers Alexandra.

« Oh je vous parle ! C'est vous ?

— Oui », elle a répondu toujours aussi bassement.

Vous vous sentiez comme deux connes.

« OK c'est bon, dégagez maintenant. »

Alors qu'il a lâché ton avant-bras, tu pouvais encore sentir la force de sa poigne et la marque rouge de ses doigts serrés sur ta peau toute fine. Il était très proche de vous, de toi surtout, il te toisait bizarrement, une intimidation qui fonctionnait et il le savait. Vous avez rejoint l'escalier avec des pas pressés, les yeux figés sur vos pieds nus ridicules sur le sol sale de l'internat, vos longs tee-shirts qui ne couvraient même pas vos cuisses. La pire honte, deux culottes à jambes, des tee-shirts qui tombaient à peine sous le pli des fesses, seules dans le couloir. Les lâches, les froussardes. Il aurait pu vous traiter de salopes aussi, mais il ne l'a pas fait. Benjamin n'avait pas besoin de dire ce genre de choses, il ordonnait juste : « Dégagez », et les deux filles se sentaient giflées pour de vrai. Ça fait aussi mal qu'une insulte, un mec qui vous dit de dégager d'un ton si ferme.

Une fois dans les escaliers, vous avez entendu dans les couloirs du haut d'autres garçons sortis qui parlaient avec Benjamin. Simplement des voix muées, murmurant trop fort, des souffles, des rires aussi. Vous n'entendiez pas ce qu'ils disaient et de toute façon, votre seul désir était de vous glisser dans vos draps, de vous cacher la tête sous la couverture et de ne plus jamais en sortir. Un défi qui a tourné à la honte et au piège, une honte qui vous poursuivra toute l'époque passée à l'internat, car après cette nuit-là, les garçons ont pris ceci comme un jeu. Dès le lendemain matin à la cantine, les œillades des garçons vous harcelaient, leurs rires s'entendaient comme des cris de hyènes et leurs corps étaient bien trop présents dans votre dos au moment où vous vidiez vos plateaux. Sans le savoir, vous étiez devenues leur défi, leur moyen de distraction.

« C'était trop con comme idée », as-tu avoué à Alexandra.

Cette dernière t'a jeté un regard noir.

« Me rejette pas la faute, toi aussi tu étais partante. Et c'est toi qui as frappé donc c'est surtout de ta faute à toi tout ça. »

Tu n'en revenais pas de ce qu'elle disait. Ce jour-là, tu as appris comment fonctionnait ton amie, mais tu as continué de croire tout ce qu'elle disait. Tu encaissais sans rien dire. C'était de ta faute, c'est toi qui avais pris ta responsabilité, tu as frappé à cette porte et maintenant vous étiez emmerdées par cette bande de couillons. Tu as observé ton amie étaler la confiture de fraise sur son pain blanc, elle a croqué dedans à pleines dents sans te regarder, jusqu'à ce qu'elle se lève pour vider son plateau, ne prenant pas la peine de t'attendre. Tu as compris qu'elle t'en voulait sans pour autant connaître la raison exacte. Perdue dans tes pensées en sortant de la cantine, tu n'as pas fait attention en regardant devant toi, Benjamin t'a mis un coup d'épaule prononcé et tu as senti son sourire t'effleurer le visage. Du coin de l'œil tu l'as aperçu comme un éclair trop vif et trop furtif. Les nuits, il leur arrivait de frapper à la porte et de rire comme des imbéciles. Seulement, les deux filles qui partageaient votre chambre ont ouvert et les ont incendiés. Ensuite elles vous ont demandé ce qu'ils vous voulaient et vous vous êtes regardées toutes les deux sans répondre.

« Vous êtes vraiment bizarres vous », a constaté l'une des deux filles.

Lors des représailles, elles ont menacé de prévenir les surveillants et là vous vous êtes enflammées, il ne fallait surtout pas, car cela vous retomberait dessus.

« C'est pas notre problème, ils viennent pratiquement toutes les nuits frapper à la porte et ils partent en courant. On va pas les laisser faire ça jusqu'à la fin de l'année. »

Les garces, sans prévenir, ont fini par alerter les surveillants et de leur côté les garçons vous ont dénoncées. Vous avez été sanctionnées et chargées de ménage pendant deux semaines. Benjamin et ses potes ne vous ont cependant pas lâchées. Vous étiez de véritables jouets pour eux, trop faciles à embêter, à frôler dans les couloirs, des filles sur qui ricaner. Ils n'avaient plus aucune raison d'être sur votre dos maintenant que la sanction était tombée, mais ils s'amusaient tellement qu'ils ont décidé de continuer. Benjamin surtout ne te lâchait pas. Un jour, il a troqué sa moquerie contre un intérêt tout autre. Tu paraissais l'intéresser. Il a commencé par te saluer en souriant et tu rougissais. Alexandra a fini par s'en rendre compte et a changé de comportement avec toi. Elle essayait même de sympathiser avec les filles de votre chambre pour te rendre jalouse. Alors elle était vraiment sous le charme de Benjamin, mais il ne l'a jamais remarquée. Il ne s'est rien passé entre lui et toi malgré qu'il ne te cachait pas son attirance. Tu lui as attribué l'étiquette de *con à casquette* et tu as passé ton chemin. Tu as été flattée cette année-là, mais l'envie de te rapprocher de lui t'a quittée, même si tu y avais déjà pensé, comme toutes les adolescentes rêveuses et fleurs bleues. Il était beau et il le savait, il n'était pas ton genre de toute façon. Mais Alexandra t'en a toujours voulue parce qu'il t'avait remarquée toi, et seulement toi. Tu lui as fait de l'ombre à cette époque, sans même le vouloir ni le savoir.

Alors plus tard elle s'est vengée de toute cette ombre que tu lui faisais, elle a coupé à la tronçonneuse ce grand chêne majestueux pour recevoir plus de soleil. Elle voulait qu'on la voie *elle* cette fois, que les mecs la remarquent, que désormais les rôles s'inversent. Tu étais devenue son ombre et tu l'es restée bien trop longtemps.

La rotation immobile des escaliers t'hypnotise. Tu te décides enfin à descendre en pensant à ta mère que tu apercevras à la fenêtre une fois dehors. Tes pas résonnent, ta main glisse le long de la rampe, les paliers s'additionnent et n'en finissent pas. Enfin en bas tu passes devant les boîtes aux lettres métalliques qui claquent sourdement lorsqu'elles se referment, surtout après l'heure du déjeuner, ou le soir. Tu pousses la porte et le froid pénètre à l'intérieur de ton manteau que tu refermes sur ta poitrine. Tu lèves la tête. À la fenêtre, ta mère. De loin, elle a quand même pris un coup de vieux, elle attend toujours que tu souries pour te sourire. Ce jour-là, tu lui adresses un sourire que tu n'avais plus fait depuis longtemps, un sourire d'humilité et de vulnérabilité. Toujours, tu as l'impression que sourire doit forcément montrer les plus belles valeurs de toi, que sourire veut dire que tu vas bien. Mais ce jour-là tu comprends que non, et dans le sourire que te renvoie ta mère, tu sais immédiatement à quel point elle te comprend. Elle ne dit rien, mais elle sait depuis toujours. Te laisser vivre c'est aussi te laisser te tromper, te laisser apprendre, te connaître, te perdre, te retrouver. La plus belle chose qu'elle t'ait accordée c'est ta liberté, elle t'a doucement guidée sur un chemin inconnu, celui de la vie adulte. Tu t'es aventurée seule et parfois elle apparaît juste pour te sourire sans rien dire. Elle te fait confiance à toi, depuis toujours, c'est pour ça qu'elle ne dit jamais rien. Ta mère te connaît.

Tu aimes te poser des questions inutiles, réfléchir longtemps à ce que c'est vraiment, la vie. Parfois ado dans ta chambre, allongée dans ton lit, avec Alexandra, vous fumiez sans rien vous dire et toi tu pensais. La clope t'emmène toujours dans des cheminements de pensées, tu t'y perds pour mieux revenir à ta vie. Tu fais une sorte de pas de côté puis tu reviens à nouveau. Tu imagines des réponses à tes questions impossibles et pourtant cela ne t'aide pas toujours. C'est sûrement ça le pire chez l'être humain : la conscience. On se pose des tonnes de questions et on s'imagine des réponses, mais personne n'a les mêmes, aucun être ne pourra jamais affirmer les vraies. Et puis on a la capacité de la bonté, mais aussi celle du mauvais. Quelquefois, il suffit de pas grand-chose pour tomber dans l'extrême inverse. L'être humain n'est pas infaillible parce qu'il est plus fragile que les autres espèces, il n'a rien à part une conscience qui lui fait se poser des questions et réfléchir à la raison de sa présence sur Terre. Nos failles s'ouvrent vite, nos cœurs se referment comme un étau, on flanche, on tombe, on se remet debout, mais au moindre coup de vent, on se retrouve comme on est venu, c'est-à-dire nu sur la terre. On n'est pas grand-chose, mais on a sûrement la capacité d'accomplir de grandes choses. Sublimes ou terribles.

Chapitre 2

Tu as appris à aimer la fête. Véritablement. T'oublier dans les volutes d'une soirée qui paraît l'éternité, boire, fumer dehors une quinzaine de minutes avec derrière toi les lourdes résonances de la musique. Fumer les yeux fermés comme si à ce moment précis tu appréciais passionnément ta vie, puis retourner danser, pisser des litres dans les toilettes bondées des femmes, te laver les mains en te contemplant dans le miroir, pour constater d'éventuelles traces de maquillage étalées autour de tes yeux par ta sueur presque grasse. Ce que tu peux te sentir bien ces nuits-là, enfermée dans cette bulle de monde, loin de ce Paris quotidien, loin même de la peinture, de ta nature, loin de toi, de ta colère contre le monde et de ta tristesse permanente. Tu n'as plus l'air d'être à contresens, tout semble aller pour le mieux, le tabac est incroyablement doux dans ta bouche, il t'intoxique les poumons et c'est agréable, tu dévoiles tes jambes, tes bras, ton corps est à l'aise dans ce milieu de fête, de nuit dansante, de corps collés. Comme si tu avais besoin de ça pour exister. À bientôt trente ans tu te sens encore comme une ado, tu vrilles complètement, mais tu ne t'en rends pas compte, tu t'entraînes toi-même dans la décadence, l'écroulement, la chute vertigineuse. C'est dangereux. Tu es dangereuse. Tu n'as plus de projet, plus envie de peinture, moins de Gainsbourg, le sommeil approximatif, les repas sautés, la clope à volonté. Tu ne deviens juste rien, un déchet.

Ta motivation c'est la course à pied. Tu cours longtemps, tu passes facilement la barre des quinze kilomètres, tu souffles régulièrement, c'est mécanique, tu ne contrôles plus tes jambes, elles semblent avancer seules sans effort. Tu souffres malgré tout, mais tu forces, tu vas toujours plus loin, jusqu'à surpasser tes limites. Ton visage est cramoisi, tes paupières trempées, les gouttes de sueur ruissellent sur ton visage comme de la pluie trop salée, une pluie océanique. Lorsque tu passes devant le bar où Charles travaille tu tentes un regard furtif à l'intérieur et ton seul désir est de l'apercevoir, mais tu n'en as pas le temps, le bar est trop sombre, ta course trop rapide, tu ne l'as jamais revu quand il fumait sur le trottoir, alors tu imagines qu'il a arrêté la cigarette ou qu'il ne travaille plus ici. Au fur et à mesure des semaines puis bientôt des mois, tes kilomètres s'allongent. Tu cours toujours plus, à tel point que tu dépasses les vingt-cinq kilomètres rapidement. Ton ascension est fulgurante et ta forme sûrement très éphémère, mais tu n'en sais rien. Tu te décides à tenter le marathon organisé dans les rues parisiennes, une épreuve d'une quarantaine de kilomètres. Chaque jour tu cours et tu parviens aux trente kilomètres. Tu souffres et tu crois mourir peut-être la première fois. Tu maigris. Mais tu persévères. La veille de la course, tu prends une longue douche froide, puis tu fais cuire des pâtes en regardant une chaîne d'informations. Tu n'écoutes rien, mais te contentes de regarder sans voir les images qui défilent, des sacs poubelles sur les trottoirs, la journaliste qui parle avec des mouvements de sourcils appuyés, comme tous les journalistes le font, son sourire et ses yeux pétillants, un reportage sur les dunes du Pila, la politique, l'argent, un morceau du monde, la France puis l'Italie. Les pâtes finissent de cuire et tu coupes le gaz. Tu manges devant la télé avant de fumer ta dernière clope à la fenêtre, tard, en songeant que la clope ne s'allie pas à la course à pied, mais tu t'en fous *royalement*. Ensuite, tu vas te coucher et tu ne parviens pas à dormir. Les heures défilent et tes yeux ne se ferment pas, ton ventre n'est qu'un paquet de nœuds, à tel point que tout ce mauvais sang te donne une nausée terrible. Vers deux heures du matin, tu cours aux toilettes pour vomir, ce jour-là pire que dans un train, tu as la sensation de vomir tes tripes et tes organes. Tu te sens complètement vidée et pourtant ton corps essaie de sortir les derniers éléments vitaux de tout cet intérieur malade. Avant de te recoucher, tu te passes de l'eau glacée sur le visage, face à ton reflet de zombie dans le miroir. Finalement tu t'endors et lorsque ton réveil sonne tu réunis toute la force en toi, toute une rage que tu transformes en motivation. L'excitation te gagne, jamais tu n'as ressenti autant d'adrénaline, tu serais prête à déplacer des montagnes, ce marathon tu peux le faire, tu seras parmi les autres, tu feras partie de la course. À ce moment, ton mental et tes jambes ne font plus qu'un. Tu t'y rends vêtue d'un short et d'un débardeur sur lequel on agrafe un dossard, on te parle comme si tu n'étais qu'une bouteille de parfum dans une usine à la chaîne. Les autres coureurs ont des supporters, de la famille, des amis, des gens à qui sourire et serrer dans leurs bras. Tu bois un café minuscule très fort, avec un sucre, tu le bois d'une traite en regardant le monde autour de toi. Soudain la peur t'envahit. Mais quelqu'un te souffle à l'oreille : « Coucou ma bella ». Tu te retournes alors sur ce Leonardo sorti tout droit de nulle part. Il voulait te faire la surprise, tu lui avais dit pour le marathon et il était là pour toi. Il semble croire en toi, tu le vois à son regard. Et sa seule présence te remonte d'un coup le moral, tu en pleurerais de soulagement et d'angoisse, car en toi tout se confond. On parle au micro, on annonce la mise en place des coureurs, les gens se pressent, se serrent une dernière fois dans les bras, les coureurs sautillent sur place en soufflant, s'envolent en direction de la ligne de départ en légères foulées aériennes. Si tu n'en étais pas capable finalement ? Perdue dans tes pensées, immobile avec ta toute petite tasse en plastique vide serrée dans ta main, tu ferais pitié. Leonardo pose une immense main chaude sur ton épaule et te souffle un encouragement. « Je suis là », dit-il. Il est là. À cet instant comme plus rien n'a de sens dans ta tête, comme tes pensées se mêlent et se déchaînent, tout ce que tu trouves à faire est de l'embrasser. Un baiser court, vos lèvres collées, des ventouses qui ne promettent aucune éternité, rien qu'un peu de courage, un peu de voltige avant l'épreuve. Vos lèvres ne bougent même pas, c'est un genre de baiser immobile, trop timide, tout compact et même pas agréable. Pourtant qu'est-ce que tu trouves ça bon à ce moment. La ligne de départ est devant, tu ne fixes plus qu'elle comme ta destinée, parmi les autres, parmi les mollets durs et les épaules en noix de coco, les souffles tièdes dans la fraîcheur matinale d'avril. Personne ne se parle et le bruit est épouvantable, le bruit intérieur de tous les corps réunis semble résonner comme une seule et même respiration. Tu regardes toutes les paires de baskets qui sautillent, les cheveux attachés, les dossards et les débardeurs, les chaussettes spéciales sport, le regard vide des coureurs. Des yeux tournés seulement vers l'intérieur. Une jeune femme à côté de toi croise ton regard et t'hypnotise, elle finit par te sourire chaleureusement, comme si elle voulait dire : « On peut le faire, on est ensemble ». Rien que ce sourire te réchauffe le cœur. Tu n'as plus le temps de penser à ta vie, à tes problèmes, ton confort, ton sommeil, ta nausée, ton mal de tête, car le départ est lancé et ta vie semble en jeu. Tu y vas sans réfléchir.

C'est fou comme lors de cette course tu oublies toute ta vie, tu ne penses à rien d'autre qu'au présent, à tes pieds foulant le goudron, ton mouvement avec celui des autres, ton allure, ton souffle, ton cœur qui bondit et qui gonfle comme une pompe, tout ce sang qui circule en toi. Mais avec les kilomètres l'effort est plus intense et la focalisation sur la course s'estompe. Tu ne sais pas pourquoi tu dérives sur ton adolescence, l'internat, Benjamin et les autres couillons, les deux pétasses et les repas de la cantine. Les cheveux d'Alexandra et son troisième œil, sa voix, son rire de folle dans les boîtes de nuit, la batterie, la musique et les acouphènes, ta jeunesse, votre jeunesse, vos hormones en effusion, ce baiser secret entre vous qui s'est produit une fois, juste pour rigoler. Un baiser entre deux filles, deux meilleures amies, pour voir ce que ça fait. Alexandra a été ton premier baiser et tu t'en rends véritablement compte aujourd'hui. C'était la première fois en boîte, vous vous sentiez comme des grandes parce que vous commandiez enfin de l'alcool et que les mecs vous mataient, moulées dans vos shorts en jean et vos débardeurs à petites bretelles fines. Vous étiez simples et vous plaisiez. Des beautés naturelles comme on les appelle. Vous dansiez en vous regardant, en riant pour n'importe quoi, vous frôliez d'autres fesses en vous faufilant, ta main dans la sienne, vos yeux furetants et chargés de charme, en recherche d'attirance et d'amour de soirée. En boîte vous dansiez comme des folles lorsqu'ils passaient du Nirvana. *Smells Like Teen Spirit*, le titre sur lequel vous vous êtes embrassées. Une véritable poussée d'hormones. Rien qu'un baiser humide dans une haleine d'alcool, une odeur de parfum et de transpiration, la peau sale et les cheveux emmêlés. Vous avez continué à danser comme si rien ne s'était passé. Ton premier baiser, celui qui te tiendra toute une vie parce qu'elle était ta meilleure amie, pas un baiser d'amour, un baiser de filles, entre lèvres rosées et généreuses, pour vous rappeler à quel point vous vous aimiez. Et c'est après que tu as vomi sur la robe blanche d'une fille.

Ta tête tourne. Un long frisson dans une bouffée de chaleur te parcourt. Un violent point de côté appuyant le fond de tes entrailles. Souffle court, mental d'acier, muscles lourds et douloureux. Tu sers tes pouces dans tes poings et tu continues, tu t'accroches aux baskets devant toi, celles qui te doublent, tu repenses au sourire de la jeune femme, au café qui a brûlé ton œsophage et à Leonardo. À la route qui s'étend juste devant toi. Tu aplatis les kilomètres, respires, craches sur le côté une salive métallique, un goût de sang. *Continue. Continue. Continue.* Tu n'as plus que ça en tête. Pendant le ravitaillement tu attrapes une bouteille d'eau et du chocolat que te tend une petite bonne femme toute ronde avec une longue queue de cheval rouge, une carte pendue à son cou et des lunettes noires qui encourage d'une voix porteuse les coureurs. Et tu repars.

Ta tête tourne encore, la fatigue te coupe le souffle. Il ne reste plus que cinq kilomètres. Tu ne tiens pas. Quelques personnes te dépassent quand d'autres ralentissent quelques secondes pour passer un bras à la fois moite et rassurant autour de tes épaules et t'encourager. Tes pieds se soulèvent difficilement, ton esprit divague, et ta dernière pensée est pour Gainsbourg. Tes yeux deviennent soudainement flous et tu t'écroules par terre au milieu des paires de baskets. On manque de t'écraser sous les semelles, on fait un écart, la foule émet une rumeur plus forte, tu crois entendre ton prénom d'une voix lointaine, une voix que tu connais. Mais tu perds tous tes sens, seule peut-être l'odeur du goudron monte à tes narines écarquillées. Tu as la sensation de vivre ta mort, comme dans un manège cauchemardesque, celui qui te donne envie de vomir, qui te coupe les jambes lorsque tu descends, tu hurles en fermant les yeux, la musique est assourdissante, le mec au micro dit : « Encore plus vite, c'est parti ! » Et toi tu ne veux qu'une seule chose : mourir. Toi à ce moment tu traverses l'après-coup. Frappée par la violence, les bonds de ton cœur dans ta poitrine, un cœur affolé qui n'en peut plus, tes jambes coupées de leur sang, tout semble mort en toi. Même lorsque des mains t'attrapent pour te redresser tu ne sens qu'une petite vague en toi, ta tête ne tient plus, on te bouge et on te parle, mais tu ne comprends rien. Pourtant il y a cette voix qui répète ton prénom, une voix que tu connais, tu en es certaine. Ta main se pose sur un bras qui passe par là, tu reprends doucement du souffle, la peau que tu touches est lisse et chaude, une peau d'homme, car tous les hommes ont la peau brûlante. « Marjorie ? » C'est toi, oui c'est toi. Tu ne peux pas répondre, car ta voix ne sort pas. Tu ne fais qu'ouvrir faiblement la bouche, tu te sens ridicule, tu reprends conscience des pas de course à côté de toi, comme si tes oreilles se débouchaient après avoir été trop longtemps sous l'eau. C'est répétitif, les pas, « Marjorie ? » la peau que tu caresses sans raison, ta tête qui tourne, ça reprend, les pas plus forts, « Marjorie ? » tu ouvres les yeux malgré une vision trouble, les éclaircies du ciel sont aveuglantes. Des mains te soutiennent le dos, une main dans ta nuque, un souffle qui effleure ton visage, des gens qui se parlent l'air un peu paniqué, des genoux près de toi, des gens qui bougent, qui se rassemblent et qui s'activent, de l'eau presque glacée sur tes joues, des frissons désagréables te parcourant. Tu ne te sens qu'une chose visqueuse et sans intérêt, une bestiole éclatée en une mare de sang minuscule sur le capot d'une voiture qui roulait trop vite. On te force à boire, tu te laisses faire sans rien dire. Et d'ailleurs tu te dis que c'est un peu toute l'histoire de ta vie. Tu as du caractère au fond de toi, tu sais que ça pourrait exploser à tout moment comme une éruption volcanique, tu es un volcan présent depuis des siècles, à subir les humeurs climatiques, traversant les années sans bouger quand un jour tout devient séisme en toi. Tu laisses faire et tu encaisses, tu es gentille et les gens le savent. Les gens savent quand tu es sensible et ils jouent avec cette sorte de vulnérabilité qui t'empêche de te trouver une place dans ce monde en chou-fleur. Il y a un cercle de personnes, elles sont toutes là où elles doivent être, sans avoir à réfléchir, car tout se fait naturellement avec elles. Tout le monde semble se laisser la place, mais toi malgré tes efforts tu es en-dehors, on ne te voit pas, on ne t'entend pas. Rappelle-toi du professeur de sciences au collège qui mettait toujours sa main en creux vers son oreille en plissant le visage : « On ne vous entend pas Marjorie, parlez donc plus fort bon sang ». On te l'a toujours dit, on dirait que personne ne te remarquait à part Alexandra. C'est pour ça qu'elle tu l'aimais, elle t'acceptait telle que tu étais, et avec cette fille pourtant extravertie tu avais trouvé ta place. Mais tu t'es laissée bouffer malgré tout. Ce n'était même pas de sa faute en fait, c'est toi qui n'as jamais rien dit. Tu as accepté et c'est tout. Tu t'es piégée toute seule.

Tu vois enfin plus clair. Des gens en uniforme de pompier sont autour de toi et te parlent, mais lorsque tu lèves les yeux tu ne vois plus que Charles debout derrière eux, l'air grave, les cheveux bouclés, la bouche sans sourire, les sourcils inquiets et les longs cils. Des larmes te viennent. Il a un appareil photo autour du cou. Une chemise aux manches retroussées. Une nuque immensément longue. Une nuque que tu as embrassée plusieurs fois, d'abord en prémices d'une nuit d'amour, ensuite pendant, jusqu'à lui mordre la peau, et toujours après, plus longuement et plus délicatement, un baiser posé du bout des lèvres, sans un seul bruit, un long baiser silencieux. On te file un Spéculos dans lequel tu croques avec tes fourmis dans la mâchoire, le sucre te pique la gorge. Enfin tu te relèves doucement, les jambes qui reprennent un peu de solidité, le regard sur Charles et les larmes au bord des yeux. Peut-être que c'est grâce à lui si tu t'élances à nouveau, malgré ton retard. Les cinq derniers kilomètres sont d'un silence époustouflant, tu n'entends rien que ton souffle chaud et fort, le souffle d'un cœur relancé, toute une hargne cachée au fond de toi pendant des années, tout explose, tes jambes te portent, l'éruption volcanique se manifeste alors ainsi en toi ce jour-là. Tu lâches toutes ces années de souffrance masquée, les manipulations, les amours impossibles, les contradictions, les questions inutiles, les larmes et même les sourires des époques passées, tu laisses tout s'envoler comme Clyde. Tu penses au chat mort, le début de la folie d'une amie toxique comme la clope. Plus la ligne d'arrivée approche, plus le bruit des spectateurs gonfle, bientôt il camoufle le bruit de ta respiration. Tu dépasses quelques coureurs, tes bras sont douloureux, tes pieds humides, ta bouche ouverte, tes cheveux collants, ton odeur sûrement infecte et ta rage de vivre plus que jamais présente. Parce que ce jour-là tu te sens en vie et tu n'as eu besoin de personne. Tu t'es ranimée comme après des lustres de sommeil ou de coma. La ligne d'arrivée n'est plus qu'à quelques mètres, des mètres éternisants que tu foules en un sprint surprenant. Tu ne te sens plus tellement ici à cet instant présent, ton corps a déployé l'ensemble de ses forces, ton mental a pris le dessus, plus fort que tout, jamais il n'a été aussi dur. Tu approches encore, tu dépasses quelques coureurs, ton visage cramoisi dégouline. Les gens crient, hurlent, encouragent, tu te dis *je suis en vie*, tu t'élances pour une toute dernière seconde et ton pied droit se pose en premier sur la ligne d'arrivée. Un élan du public soulève une nouvelle fois ton cœur. Tes jambes ralentissent doucement jusqu'à marcher, mais elles portent encore ton corps essoufflé, positivement surmené, tu l'as confronté à ses réserves, tu l'as mis à bout et il est toujours là, désintoxiqué de tout.

Tu as fini dans les vingt-cinq mille sur quarante-cinq mille, tandis que sur les douze mille femmes tu arrives dans les cinq mille.

Leonardo te serre dans ses bras et tu pleures sur son épaule, de soulagement peut-être, de relâchement surtout. Tu laisses tout partir, tu as besoin de lâcher, comme une purification. Tes larmes, c'est aussi Charles. D'ailleurs Leonardo s'écarte doucement de toi et te fait un signe du menton pour indiquer une présence derrière toi. En te retournant, tu remarques le regard échangé entre lui et Charles, un regard froid, vide, sans expression. Les yeux de Charles ensuite posés sur toi te font l'effet d'un électrochoc, c'est si intense et chargé de sentiments confus. Ses pupilles brillent comme s'il allait pleurer, tu constates la raideur de ses mains qui tiennent l'appareil photo.

« Tu m'as impressionné Marjorie. »

Tes lèvres se plissent en même temps qu'une vague donne à ton visage des traits de tristesse, tu détournes le regard tant les larmes te brûlent les yeux.

« Et j'ai eu peur aussi.

— Et toi, pourquoi tu es là ?

— Je suis photographe maintenant, j'ai laissé tomber mon job au bar. Je fais ce que j'ai toujours voulu faire, mais pour l'instant je travaille pour un journal, c'est pour ça que je suis là. Sinon ce que je préfère c'est les portraits. »

Un silence s'installe entre vous. Tu es fuyante, tu as mal, tu as envie qu'il parte et qu'il reste à la fois, ou juste qu'il te sert quelques secondes dans ses bras, pour te soulager le cœur. Mais vous auriez encore plus mal. À ce moment seulement, quand il est en face de toi, tu te rends compte à quel point tu l'aimais sans le savoir, tu tenais à lui et tu as tout gâché, tu n'as rien fait pour le retenir. Il te regarde toujours et toi tu as le regard de biais, planté vers sa chaussure droite, tu te sens horriblement mal. Alors tout ce que vous vous dites, c'est un au revoir ridicule.

« Bon…

— Ouais.

— Je te laisse.

— Ouais. Au revoir.

— Au revoir, salut.

— Salut. »

Et vous repartez chacun de votre côté, déçus comme des cons et tristes comme des pierres. Qu'est-ce qu'on agit mal parfois. On est un peu nul et maladroit, on ne sait pas faire, on attend quelque chose, on fuit, on fait n'importe quoi, on part alors qu'on pourrait rester, on se pose des tas de questions pour finalement tout foutre en l'air. C'en est presque un acte suicidaire. Un suicide amoureux. Vous savez tous les deux que vous vous aimez et pourtant vous partez sans rien vous dire, juste comme deux simples connaissances. Vous avez fait l'amour ensemble, vous avez découvert l'intimité de l'autre, vous avez été l'un en l'autre, vous vous êtes dit je t'aime, vous vous êtes embrassés comme si c'était la plus belle chose de la Terre, il t'a vue nue, tu l'as touché. Et c'est comme si toute cette intensité n'appartenait qu'à une vie antérieure, deux silhouettes floues sur une vieille pellicule en noir et blanc. Comme si rien n'était arrivé. Tu continues de regarder Charles une fois qu'il s'est éloigné, et toi tu ne remarques pas lorsque tu tournes le dos pour t'en aller qu'il ne regarde que toi, ni que ses longs cils sont perlés de larmes.

En amour on finit toujours par souffrir, c'est ça le plus dramatique. C'est une sorte de piège duquel on ne veut pas partir pour éviter toute souffrance, on se doit de garder le cap, rester, d'aimer toujours pour ne pas se noyer. À la moindre fluctuation, on frôle le danger, c'est si fragile, il suffit parfois d'une prise de tête, des mots qui vexent, un doute, une erreur. Chavirer est toujours plus facile que de monter à bord. C'est traître en fait. Une douleur universelle. Indéniablement, tout le monde finit par souffrir à un moment donné, personne n'a le pouvoir de l'éviter à part les gens qui ne tombent pas amoureux. Alexandra ne souffrira plus jamais en amour, car elle a fait le choix de condamner son cœur, de l'endurcir, le recouvrir de plâtre, le barricader, l'enfermer en elle pour toujours. Peut-être qu'avant elle aurait pu être folle amoureuse, elle l'était sûrement de Benjamin, mais cette histoire a semblé être comme un traumatisme : tu étais mieux qu'elle. Est-ce qu'elle a développé une forme de jalousie pour toi ? C'est donc ça qui l'aurait rendue folle, l'attirance de Benjamin pour toi ? Il te trouvait plus belle, ou plus intéressante ? Et toi tu n'as rien choisi, tu ne voulais pas faire partie de l'histoire et malgré toi, *tout* tournait autour de toi quand tu pensais l'inverse. Tout ça c'est parce que toi tu étais là, dans ce monde, avec ton visage d'ange et ta personnalité. Elle t'enviait, mais tu ne le savais pas. Elle savait déjà comment elle finirait, elle savait que vous seriez éloignées au bout d'un certain temps. Ça ne durerait pas parce qu'elle finirait par devenir folle de toi, dans tous les sens du terme peut-être. Trop t'aimer et trop te détester, au point de devenir folle. Elle savait depuis toujours que vous aussi vous vous feriez du mal, car votre amitié était comme une histoire d'amour : c'est parce que l'on souffre que l'on sait qu'on a aimé.

Alors le week-end suivant tu vas en boîte pour combler ce gros manque. Depuis que tu as vu Charles à la course tu ne parviens pas à passer à autre chose, votre histoire tourne en boucle dans ta tête, tu revois par flash furtifs sa nuque, ses yeux, ses mains sur tes hanches, tu essaies de te rappeler l'intonation de sa voix quand il te parlait. C'est aussi puissant qu'une douleur physique. Tu danses sans plus t'arrêter, même si ton corps n'en peut plus, tu le mets à nouveau à bout, tu ne te respectes plus tellement, tu t'oublies, tu ne noies dans ces verres d'alcool et tu le sais, mais tu continues parce que putain ça fait du bien. Ça te fait oublier ta vie le temps d'une soirée, après tu aurais le temps de penser à dimanche, à la suite, au quotidien, l'appart, la peinture, les sourires de circonstance, les compliments pour ton art, les « ça me rappelle les œuvres de Frida Kahlo, vous savez ? » Pour l'instant tu n'as qu'à t'en foutre, tout ça n'est plus important ce soir, tu danses et tu accueilles même les sourires de quelques hommes. Certains tentent de t'approcher, mais ton regard ne promet jamais rien, tu es parfaitement inaccessible, tu n'es qu'une illusion pour eux, de loin tu parais abordable, mais lorsqu'ils approchent tu les impressionnes trop, tu ne demandes rien, tu te suffis dans ta danse, dans tes verres et dans tes clopes. C'est tout. Le seul homme qui t'ait comblée reste Charles, et t'abandonnant aux lèvres d'un autre homme, tu continuerais pourtant à penser à lui.

174

Chapitre 3

Alors les lendemains de fêtes ne sont plus que des jours morts, des journées en creux, des heures vides de sens qui défilent. L'adrénaline est retombée, la vie sérieuse te rattrape et te met un coup pour te rappeler que tu as une vie à continuer, des choses à accomplir, des courses à faire, une douche à prendre, ouvrir les volets, les fermer, changer les draps, faire la vaisselle, du ménage, dire bonjour aux gens, être polie, s'habiller convenablement sans en faire trop. Tu ne peux pas tout te permettre, c'est différent d'une boîte de nuit. Et la fête, on s'y habitue toujours trop vite. Tu achètes le journal au bureau de tabac avec tes clopes, ce que tu ne fais jamais habituellement, mais ce jour-là tu repars avec, car on y parle du marathon, c'est à la une. En rentrant chez toi, ta clope à peine tenue entre ton majeur et ton index, la fumée sortant en un long filet gris de tes narines et de l'espace humide de tes lèvres, tu lis ce journal. Lorsque tu arrives à la page du marathon, tu regardes la photo de toi en train de courir, les poings serrés et le regard déterminé. À ce moment-là tu pensais à Alexandra et à votre premier baiser en boîte pour oublier ton point de côté. Tu n'as pas fait attention que Charles te prenait en photo, on parle même de toi dans l'article : *« Une battante qui se relève pour passer la ligne d'arrivée... »* C'est étrange cette sensation, là, à cet instant. C'est toi, vraiment toi. Bientôt tu jettes ta cigarette par la fenêtre, et ce geste est affreux, tu t'en es toujours voulue mais à force c'est devenu un réflexe incontrôlable. Depuis cet article dans ce journal, tu décides d'arrêter de t'en foutre *royalement*, car bizarrement tout peut devenir possible. Tu es peut-être tout au fond d'un puits noir, tu n'y vois rien, la vie est floue, tu es la face contre le sol, écrasée de solitude et perdue comme une chose inutile sans intérêt, minuscule, qu'on ne remarque pas, mais pourtant si, tu viens de te faire remarquer. Alors là tu penses à Charles, encore lui, toujours lui. Ta torture et ton défi, parce que tu as soudainement la même détermination féroce que lors du marathon, et l'amour est un marathon.

Tu ignores ce qu'il te prend tout à coup, tu y vas. Tu es une folie. Tu cours après une folie, peut-être bien, mais c'est tout ce que tu veux, prendre à pleine main cette folie comme quelque chose de mousseux, serrer très fort pour te détendre, des deux mains, agripper tes doigts, poser cette envie contre ton cœur un peu malade. Charles ne serait pas un pansement, il serait une nouvelle raison d'exister, et c'est là qu'en amour tout devient dangereux : lorsque l'autre n'est qu'une raison de vivre. Tu ne t'en rends pas compte, tu ne sais plus quoi penser de toute façon, alors autant y aller. La porte fermée, les escaliers descendus comme si tu les survolais, la porte trop lourde poussée si facilement, la liberté des ruelles, les trottoirs gris tellement sales, toi dans Paris, sous les couleurs chaudes d'un ciel automnal qui décline. La Terre tourne, mais tu marches droit, tu n'as jamais été aussi sûre de toi. L'univers est devant toi, tu glisses à plat ventre sur la Voie lactée et tu bouffes plein de poussières d'étoiles, tu t'étouffes de ces miettes d'espérance. Tu transpires d'espoir. Les croyances limitantes ne t'achèvent même pas, tu décides de passer outre, pour la première fois elles ne gagnent pas. Un regain de vie. Ton émancipation ? C'est vraiment ce que tu crois ? Non, ce n'est pas ça l'émancipation, tu te trompes tellement, te ne décides pas de vivre pour toi ce soir-là. Tu n'es qu'une désespérance, comme Alexandra. Tu veux trop d'amour, mais tu es incapable de le recevoir et de le préserver. Tu es comme elle. Non. Tu marches encore, plus vite, sautes dans un métro, tu es essoufflée, les joues roses d'après ton reflet dans la vitre. Le soir tombe sur la ville et toi tu te lèves enfin, tu es à contresens de tout le reste, mais tu crois en toi terriblement fort. Tu crois en lui parce que tu n'as plus que l'amour auquel te rattacher, plus rien d'autre à part une vie presque sans intérêt, déjà au bout, sans surprise et dans une mélancolie perpétuelle. Tu ressasses à te rendre folle. Tu es devenue folle. Le pire étant que tu t'en rends compte, mais tu fonces malgré tout dans le mur, tu le sais et tu t'enfonces toute seule. Parce que cette folie en toi c'est une drogue, elle te fait te sentir bien, elle paraît te sauver partout où tu es, elle te redonne des espoirs bien qu'ils soient tous faux. Tu t'inventes des histoires pour te satisfaire, tu n'es plus comme avant et certainement crois-tu que tu vas de mieux en mieux. La vérité c'est que tu es prise dans les hélices tranchantes d'une spirale infernale qui n'en finit pas. Bientôt tu te retrouves devant la porte de son appartement et tu frappes sans trop hésiter, puisque tu ne doutes pas, tu ne t'en fais plus, tu ne fais que tenter en y croyant trop fort. Tu attends alors quelques secondes, assez pour entendre son pas approcher, la clé tourner dans la serrure puis sa main abaissant la poignée. Face à toi, il y a lui, son visage que tu t'es tant représenté toutes ces nuits d'insomnie, son visage sous tous les angles, saturés de lignes trop belles et d'émotions trop intenses. Tout ça c'était trop. À ton grand étonnement il s'approche de toi pour se sortir de l'entrebâillement de la porte, qu'il ferme silencieusement derrière lui, en même temps que ses doigts habiles passés dans ce champ noir de cheveux.

« Qu'est-ce que tu fais là ? »

Et toi tu es sans voix, mais au bout d'un moment tu trouves le courage de répondre :

« Je sais pas.

— T'es sérieuse Marjorie ? Il t'arrive quoi là ?

— Rien.

— Pourquoi tu viens jusque chez moi ? »

En toi tout s'effondre, ton corps est en déliquescence, et soudain tu ne sais plus ce que tu fais là. Tu te rends compte à quel point tu es ridicule.

« Je sais pas. Tu me manques.

— Ah ouais ? (Il y a comme une tristesse dans ses yeux sombres, mais il se reprend) Je suis désolé, mais on ne peut plus se voir, c'est fini. »

En deux mots il t'a achevée, même si tu le savais déjà, tu n'as pas voulu y croire au début parce que ton mental te manipulait. C'est ça toute l'histoire de ta vie : la manipulation. Tu es cette éternelle *manipulée*. Tu le regardes, abattue et abandonnée, liquéfiée et presque étrangement fascinée par son calme un peu triste, peut-être un infime regret dans ses lèvres qu'il mordille. Il semble douter et pourtant la franchise dans sa voix affirme qu'il est sûr de lui.

« J'ai quelqu'un. »

Il est amoureux. C'est seulement ça l'excuse ? Il a quelqu'un. Et s'il n'avait personne ? Tu ignores parfaitement ce qu'il ressent pour toi, tu es persuadée depuis toujours qu'on ne peut tomber amoureux que d'une seule personne à la fois. Ça paraît logique. Mais si l'on tombe amoureux à retardement, c'est que la première personne n'était pas celle-ci, ce n'est pas elle dont on est amoureux, on a regardé ailleurs, on a croisé un regard, esquissé un sourire timide et tremblant peut-être, dans la discrétion, on s'est étonné soi-même de ce cœur qui a bondi alors qu'il ne devait pas. Le doute s'installe et la passion en plastique flétrit. Tout ça c'était rien, un pansement, une moquerie de la vie, un courant d'air qui fait du bien quand on étouffe. La vraie personne elle est là, celle à qui on a souri. Mais finalement on n'en sait rien, il est impossible de faire un choix et le plus souvent on décide d'oublier pour retourner au sérieux d'une vie vécue par défaut. On ne sait jamais quel choix est le meilleur quand on a le cœur qui balance aussi fort que la raison nous martèle le crâne. Et lui, qu'est-ce qu'il choisirait : le cœur ou la raison ?

Vous restez à vous regarder comme deux êtres humains pleins de déception. Tu devrais partir, maintenant, pars ! Tu ne peux pas. Tu as envie de pleurer. Alors un déclic te force à tourner les talons sans plus rien dire, d'abord tu baisses les yeux puis tu te détournes, le regard posé sur la rampe d'escalier qui t'attend. Tu retires les pieds du paillasson *Welcome !* parce que tu n'es pas la bienvenue ici, tu es jetée. Et le pire étant que c'est parfaitement normal. Il a sa vie, cette femme dont tu ignores le visage, avec qui il fait l'amour et il partage le lavabo, une femme à embrasser, il la touche, les hanches, les épaules, frôle ses seins et la mange du regard quand il a envie d'elle. Lorsque tu penses à ça, quelque chose se creuse en toi comme une vague déferlante qui aspire le sable. Ça te dévore l'estomac tout entier. Tu descends les premières marches mais tu n'as pas entendu la porte se refermer. Charles a dû rester immobile devant le paillasson ridicule, à fixer les poils un peu couchés, marqués par l'empreinte de tes pieds. Tes pas résonnent et les siens retentissent dans un pas de course en chaussettes. Il t'appelle, dans un chuchotement trop fort et mal assuré. Tu t'arrêtes soudain, la main crispée sur la rampe, la lanière de ton sac entre ton pouce et ton index, ta clope encore éteinte dans le bec, ta frange décoiffée. Tu fermes les yeux lorsque tu sens ses pas derrière toi, et finalement il se positionne une marche en dessous de la tienne, tu le surplombes désormais d'une tête et tu ne sais pas où regarder. Alors tu fixes tes chaussures en t'empêchant de respirer pour ne pas pleurer. Tu voudrais dire : « Laisse-moi, dégage ! » Tu voudrais de la violence dans ta voix, comme Alexandra, qui elle, en était capable.

« Dégage », tu fais d'une voix frêle, presque inaudible, une voix de gamine qui n'ose pas s'exprimer devant la classe quand elle est interrogée.

Ce verbe ne convient pas à ta bouche, les lettres ne s'arrondissent pas comme il faut, c'est tout déformé entre tes lèvres, ça part comme un pétard défectueux. Parce que tu n'as pas envie qu'il dégage, à vrai dire.

« Qu'est-ce que tu crois Marjorie ? Je t'ai pas oubliée, tu sais. »

C'est encore pire quand il dit ça. Qu'on te laisse partir d'ici, il devient à son tour ton Enfer. Il ne parle pas trop fort, pour qu'*elle* n'entende pas.

« J'existe », dis-tu sans savoir pourquoi.

Pourquoi est-ce que tu dis ça ? Ça n'a rien à faire là. Mais tu ne te l'es pas assez souvent répété. Tu n'existais pas avant, tu étais l'ombre d'Alexandra. Maintenant que le soleil ne l'éclaire plus, son ombre est morte. Alors tu es un amas méthodique d'os et chair, peut-être, et tu découvres que tu as un cœur et des sentiments. Il pose sa main sur ta joue, paume ouverte, immense, le creux entre le pouce et l'index dans l'angle de ta mâchoire. Il a retiré ta cigarette collée entre tes lèvres. « Je sais que tu existes. » Son souffle parvient jusqu'à ton visage, ses yeux n'arrêtent pas de contempler chacun de tes traits, la tête légèrement penchée. Sa peau commence à rougir. Puis il prend une inspiration et dans un souffle lourd qui semble te chasser comme un nuage de fumée, te murmure : « Prends soin de toi. » Et négligemment il repart, te frôlant du bras comme s'il cherchait à le faire exprès, pour sentir une dernière fois la chaleur de ta peau qui lui manque peut-être.

Derrière toi la porte de l'immeuble se referme et tel un magnéto tu rembobines ta soirée dans le sens inverse. Tu repasses à l'angle de la rue, devant le bureau de tabac, un bar qui semble infâme et crapuleux, rempli de quelques gros bonhommes buvant dans des verres un peu sales et troubles d'alcool, sous des lampes claires juste au-dessus de leur tête. Il se crée une impression de dimension et de profondeur dans cette salle au carrelage froid, un bar parisien qui pue la clope et la transpiration grasse. Le temps que tu passes devant en prenant le temps de constater ces détails auquel tu adores toujours t'accrocher, les hommes te regardent à travers la porte vitrée, comme s'ils t'avaient entendue arriver avec tes talons sur le trottoir. Tu passes comme un courant d'air et ils ont dessiné sur leur visage, à tous, ce sourire d'envie masculine qui s'efface dès que ta silhouette s'éloigne de leur champ de vision. Alors ils reprennent certainement la conversation sans trop prêter attention à cette jeune femme désespérée dans la rue, seule et exposée à tous les risques de la nuit. Chacun sa vie. La tienne est ainsi. Dans le métro, tu es seule avec une femme fatiguée, la tête contre la vitre et les lèvres tombantes, yeux mi-clos, front soucieux. Le trajet paraît durer une éternité quand enfin tu descends à ton arrêt, où la lumière est jetée sur le sol sale, mais bientôt l'éclairage ne t'illumine plus et tu te retrouves à nouveau dans le noir glacial. Ce trajet rembobiné, tu t'en souviendras toute ta vie alors qu'il aurait pu sembler banale et son souvenir futile. À côté, tu as pourtant oublié l'âge de ta mère, et peut-être aussi le jour exact de son anniversaire. Rien n'avait d'importance avant, et comme tu ne donnais d'importance qu'à Alexandra, alors tous les autres, ceux qui t'aimaient, t'ont abandonnée dans la gentillesse et la discrétion. Ils ont compris et ils se taisent. Mais toi ce soir tu voudrais de ce coup de gueule, qu'on t'aboie dessus pour que tu aies mal, encore, que tu sois marquée comme une punition, qu'on te répète que tu fais n'importe quoi, que l'on devrait tous t'oublier. Mais personne ne le fait, personne n'est là pour répondre à ton besoin de douleur extrême, personne pour te faire rougir de honte, personne pour t'engueuler. On ne t'a jamais engueulée, pas même ta mère. Tu étais une enfant si sage, tout le monde le disait : « Qu'elle est gentille cette jolie Marjorie… » Tu étais comme une exposition dans un musée, une jolie peinture qui fait tant parler alors qu'elle-même est muette et figée. Adolescente tu te rebellais seule dans ton coin, quand tu étais révoltée. Comme Rimbaud tu voulais fuguer sans rien dire à personne, t'en aller comme une bohémienne et ne revoir personne. Tu t'endormais dans ce confort de rêveries et le lendemain tu avais oublié. Tu aurais parfois voulu qu'on te dise quoi faire, ne pas faire, te prévenir sur la vie, être engueulée pour ne plus recommencer. Seulement ta mère te faisait trop confiance, elle t'a crue capable de t'envoler, elle n'a pas cherché à te retenir, de peur d'être maladroite. Elle s'est dit *tant pis, elle s'en sortira*. Tu voyais Alexandra et tu la pensais indispensable. Elle était ton seul repère. Elle était là, ton échappatoire et ta meilleure fugue. Ta forteresse. C'était à ses côtés que tu t'évadais comme une voyageuse, une sorcière qui songeait aux étoiles et à l'alignement des planètes. La vie était en dehors du monde dans lequel vous viviez, vous avez fait naître à deux ce monde hors de l'injustice et de la révolte adolescente, vous avez forgé un empire de caractère, de colère, de folie et de larmes. Votre empire dans lequel vous vous êtes emprisonnées à deux. Personne n'a jamais pu vous sauver parce que vous faisiez peur à tout le monde, et cette sensation d'être au-dessus de tout vous rendait fières. L'une d'entre vous a mis le feu, c'était la fin. Vous êtes réduites en une poussière dont les grains minuscules se sont mélangés. Vous êtes condamnées à rester l'Enfer de l'autre, éternellement.

Chapitre 4

Charles, tu ne l'as plus jamais revu. Ni Barthélémy. Ce dernier s'est évaporé de ton existence comme s'il n'y était jamais rentré et c'est finalement ce qui t'a le plus déçue. Avec toi les débuts sont exceptionnels, on tombe facilement sous ton charme parce que tu es là, avec ton visage aux traits doux et ton sourire exquis. Celui qui provoque toujours un peu les situations, qui bouscule souvent les hommes jusqu'à les faire trembler, mais jamais rien ne va plus loin, comme si tout le monde finissait par fuir ton être si fragile et si sensible. Soudain on ne veut plus de toi, ou l'on n'ose pas changer de vie pour toi, on met fin pour couper court, on essaie de ne pas trop tomber amoureux pour ne pas souffrir, mais pourtant on t'aime et personne ne te le dit.

Un de ces matins infernaux, tu aperçois Alexandra assise au pied de l'escalier, exposée aux courants d'air, seule et les genoux ramenés contre sa poitrine, la mine explosée de fatigue et le corps plus frêle encore. Elle a l'air d'une toxico. Elle fait peur. Lorsqu'elle te voit parmi les autres, elle te fixe comme à son habitude, mais tu lis dans son regard qu'elle désire venir à toi, te courir après, t'attraper pour ne plus te lâcher. Elle attend son métro, comme chaque jour, mais ce jour précisément, elle n'est pas la même. C'est là que la culpabilité te ronge encore, que ton cœur se serre et que ton estomac se noue jusqu'à ce que le métro t'éloigne de cet endroit. Ce matin elle se lève, tu ne bouges pas et on te bouscule, mais tu n'y prêtes aucune attention. Elle s'approche de toi. Elle sent l'alcool.

« Tu me manques, j'en peux plus de vivre sans toi, te voir tous les matins sans qu'on se parle », lâche-t-elle, le regard chargé de larmes.

Tu ne dis rien.

« Pourquoi tu n'es plus à moi, Marjorie ? »

Son appartenance, c'est toi. Ta prison, c'est elle.

« Je n'appartiens à personne.

— Ah oui ? Et tu fais comment pour vivre seule ? Je suis sûre que toi aussi t'es prête à te tirer une balle… »

Ses paroles te choquent à tel point que tu recules, et tu te fais à nouveau bousculer par des inconnus pressés qui n'ont pas de problème d'appartenance, qui vivent libres et sans dépendance affective.

« Tu pues l'alcool… dis-tu.

— Je t'aime. Je suis amoureuse de toi. Depuis trop longtemps. »

Tu es assaillie, tu tournes le dos et bouscules cette fois-ci les autres. Mais tu t'en fous royalement. Tu veux partir d'ici, de cet endroit cauchemardesque où l'amour mêlé à l'amitié toxique te rattrape en permanence. Mais cette folle d'Alexandra, ce démon qui te détruit, ne fait que te plonger dans les profondeurs obscures d'un flacon de poison. Tu ne comprends plus qui elle est, et tu ne l'as probablement jamais su. Elle t'attrape comme à la fête de Paris, après la barquette de frites et par-dessus les notes de rock sur la scène. Tu fais volte-face dans ce même mouvement, tu revois son visage étrange et ses yeux injectés de sang, noyés de larmes comme si elle ne se rattachait plus qu'à ton bras pour tenter de survivre. Si elle le lâchait, elle s'écroulerait. Mais dans ce mur mobile de personnes qui marchent vite, les os s'entrechoquent, les yeux se perdent, les pieds sont écrasés, ton cœur s'accélère et ton mental te dit de fuir, puis dans un heurt de sac en cuir qui passe par là, sa main perd ton bras. Elle pousse un cri désespéré comme si tu la laissais seule dans la mer, seule à se noyer. Tu t'arrêtes plus loin, avant que les portes de métro se ferment et tu la vois debout, droite, face à toi, ses doigts sur les tempes et un mouvement du pouce pour signifier le déclic de la balle qui sort.

Alexandra t'a dit qu'elle t'aimait, depuis trop longtemps, un amour de femme envers une femme que jamais tu n'aurais soupçonné. Elle t'aime à la folie, c'est ça le problème. Tous les hommes ont disparu de ta vie, en commençant par ton père. Il ne reste qu'une femme qui t'aime comme un homme finalement. Mais un amour de femme n'est pas comparable à celui d'un homme, car les femmes aiment tout autrement avec une sensibilité inouïe. Seulement ce qui est bon lorsqu'une femme aime un homme, c'est de sentir en tous points ses différences, d'abord son corps et puis sa voix, ses façons de faire et de penser. Mais tu n'as jamais eu le temps d'apprécier cela.

Dans le métro, ton cœur bat à tout rompre, il résonne comme la mélodie répétitive d'une musique un peu brutale et trop rapide, un refrain saturé de tension.

Les jours suivants, tu flanches, tu es bouleversée comme jamais. Les idées noires qui te hantent, le souffle court, les insomnies, un cauchemar de vie, la nuit, tes fenêtres grandes ouvertes et ta clope entre les lèvres, tes toiles inachevées qui prennent la poussière, tes pots de peinture quelquefois laissés ouverts, les pinceaux accumulés dans un seau d'eau trouble dans l'évier, les yeux constamment brouillés par ces larmes qui jaillissent et qui roulent le long de tes joues. Souvent tes joues se crispent et tes lèvres aplatissent le bout de ta cigarette, tu es figée face à Paris avec tes tonnes de questions en tête et ton envie de ne plus être ici. Les matins à la gare Alexandra n'est plus là. Pour tuer la voix de ton mental qui te crie trop fort dans la tête, tu vas courir pratiquement chaque jour, parfois tard le soir, tu cours jusqu'à la douleur, jusqu'à croire que ton cœur va se fracasser entre deux battements trop intenses pour ton corps trop surmené. Le poids sur la balance dégringole, tes joues sont creuses. Mais lorsque tu cours, étrangement, tu es envahie par une sensation de liberté, une liberté différente encore, comme un poids retiré de ta poitrine. Comme un soulagement. Puis tu t'arrêtes et le poids se reconstitue, toujours plus lourd. Un soir tu trébuches dans ce même mouvement qu'au marathon, tu t'ouvres le genou et tu hurles de douleur dans une rue vide. Et cette douleur te fait un bien fou, parce que tu crois être devenue folle. Quelqu'un a ouvert sa fenêtre, tu gémis sur ce trottoir comme un chien abattu, et un homme descend comme dans une histoire parfaite, un homme qui accourt et qui te parle un peu fort, qui te pose trop de questions auxquelles tu réponds approximativement. La première chose que tu retiens de lui, c'est son odeur qui t'a enveloppée lorsqu'il s'est approché de toi, tu ne sentais que ça. Une odeur de gel douche frais, de propreté. Rien qu'à sentir cette odeur, tu t'es imaginé toute sa vie. Un homme qui achète toujours le même gel douche, attaché à ses habitudes, un café le matin tandis qu'il vient d'enfiler sa chemise par-dessus sa peau toute propre pour éliminer les traces d'une nuit, en même temps il retire de lui l'odeur de sa copine, une blonde qui dort en chien de fusil parce qu'elle a froid. Lui se tourne pour passer un bras autour de son corps fin, comme pour la protéger de tout, il est prévenant et bouffe des noix de cajou à l'apéro pour accompagner un verre de vin le vendredi soir, comme Leonardo. Il reste en chemise jusqu'à vingt-trois heures puis la jette au sale dans la nuit, quand il décide qu'il est temps d'aller dormir. Tu penses à tout cela pendant qu'on t'embarque dans l'ambulance. Et cette vie d'inconnu te rassure, tu crées le monde d'un homme rassurant qui pour toi a appelé les secours, t'a envahie de ses effluves de gel douche et t'a laissée la liberté d'imaginer ce que tu voulais sur son compte. Mais ce type reste avec toi dans l'ambulance, à tes côtés, sans rien dire, à part un échange de quelques mots avec le pompier qui surveille ton état. Tu es spectatrice d'une scène où tu as le rôle principal, on te prend en charge pour la première fois et tu n'as rien besoin de faire, rien besoin de dire, pas besoin de te justifier. Deux hommes sont là, un pompier et un type qui grignote des noix de cajou le vendredi soir après avoir embrassé sa copine blonde. Il est là et il te regarde avec ce regard d'humain, doux et sincère. Tu l'épouserais. Tu serais folle amoureuse de lui si tu le pouvais, mais étrangement cette possibilité t'est inconcevable. Pourtant il pose ses doigts sur les tiens, délicatement, et te demande si tout va bien, alors tu hoches la tête et cette seule réponse lui suffit pour t'adresser un sourire.

À l'hôpital, tu t'endors profondément et dans la nuit une douleur te réveille. Tu ignores le temps de quelques secondes où tu es, tu as oublié pourquoi, puis tout te revient, avec en arrière-plan le visage d'un homme aux traits doux. Le lendemain dans la matinée, on t'apprend que tu peux rentrer chez toi, car tu n'as rien de cassé, mais tu dois arrêter la course à pied pendant un moment, et cette nouvelle te foudroie.

« C'est pas possible, j'en ai besoin. C'est vital, je peux pas arrêter, c'est ma drogue.

— Je comprends, mais laissez du temps à votre corps pour se rétablir, ne le traumatisez pas une fois de plus. »

Encore une chose en moins dans ta vie, peu à peu il semble qu'on te retire tout ce qui te permet de vivre. Alors que te reste-t-il ?

« Le monsieur qui a appelé l'ambulance nous a avertis qu'il vous prenait en charge pour vous conduire chez vous, il arrive d'ici vingt minutes. »

Tu ne réponds rien à l'infirmière qui ne regarde que ses papiers lorsqu'elle te parle. Tu fixes ses lèvres qui bougent sous sa dégringolade de mots lunaires, pas croyables. Ses yeux de biche ne s'accrochent jamais aux tiens parce qu'elle a trop de choses à regarder, l'oreiller derrière ton dos, ses feuilles qu'elles tournent encore et encore, en suivant du doigt les quelques lignes qui relatent ton profil, la fenêtre qu'elle décide d'entrouvrir, sa blouse qu'elle lisse d'une main, les objets alentour. Elle fait attention à tout, sauf à ton visage dont elle ne tient absolument pas compte. Et tu trouves ce genre de personnes étrange, comme si finalement ces gens ne faisaient aucun cas des autres, aucune expression ne trouble leur regard insaisissable. On aurait envie d'appuyer sur pause parce que ces yeux qui balayent le monde sans en prendre conscience donnent le tournis. Un regard qui vole dans l'atmosphère comme un insecte débile, cette froideur qui ne veut rien dire et cette aura de flottement, cette voix cassante et trop claire comme un néon de cantine ou de pièce mortuaire. Cette femme semble n'avoir rien traversé, rien aimé, rien détesté. Elle fait acte de présence dans un monde qu'elle ne prend pas la peine de considérer. Elle regarde tout et rien, un peu vite fait, un peu comme ces fiches qu'elle tourne sans plus s'arrêter, dans un bruit de froissement inquiétant et déprimant.

L'homme apparaît dans l'encadrement de la porte, te salue par-dessus ses joues d'un rouge presque trop voyant, qui crient l'alerte de la timidité. L'infirmière lui dit quelques mots en regardant partout, des mots qu'elle lui jette avec des mouvements de mains sèches. Il hoche la tête avec intérêt et tourne les yeux vers toi. Tu rassembles tes affaires avant de le rejoindre en silence. L'infirmière pose enfin son regard sur toi, au point que tu rougis de surprise. Ses lèvres minces d'abord ne forment qu'une ligne, mais bientôt elles s'étirent courageusement vers là-haut, d'une manière furtive, sans trop insister.

« Bon, au revoir, reposez-vous surtout.

— Merci, au revoir. »

Vous sortez dans le couloir avant de monter dans l'ascenseur. Là le temps paraît long, le temps des sourires gênés et du souffle court. Tu cherches des mots qui ne viennent pas. Comment le remercier à la hauteur de ce qu'il a fait pour toi ? Te trouvera-t-il impolie ? Et que dira-t-il après cela ?

« Je ne sais tellement pas comment vous être reconnaissante que j'en suis tout intimidée. »

Tu voudrais sauter de l'ascenseur pour échapper à ce climat étrange que tu viens d'installer. Vos regards se croisent et tu as trop chaud. Tu ne comprends rien à ta propre phrase qui est sortie de ta bouche pâteuse comme des mots arrachés au dix-neuvième siècle. C'est absolument ridicule. Mais il sourit en échappant un petit souffle rieur de ses narines.

« Enchanté, Adam. »

Tu prends la main qu'il te tend et la serre doucement, appréciant la chaleur qu'il s'en dégage.

« Marjorie. »

Les portes de l'ascenseur s'ouvrent. Vous sortez du bâtiment, l'air froid te mord de partout. Dans sa voiture il fait chaud, ça sent le sapin et le cuir. Tu t'attends à trouver une barrette ou un cheveu blond sur le siège, ou à tes pieds, mais rien de féminin n'apparaît sous tes yeux.

Vous échangez quelques paroles et quelques sourires malgré vos joues rouges et crispées. Il t'impressionne beaucoup. Tu le remercies encore de te ramener chez toi, mais il se contente de hausser les épaules en baissant les yeux vers le volant.

« J'en avais envie. »

Tu t'observes un instant dans le rétroviseur et tu constates tes cernes, tes joues creuses. Tu ne te reconnais pas, plus. Tu n'es plus la même. Comme si ton identité s'était envolée.

« Quelqu'un t'attend ?

— Non, personne. »

Tu serres tes mains très fort l'une dans l'autre et tu attends.

« Tu fais quelque chose demain soir ? demande-t-il.

— Non, je ne fais rien demain soir, je rentre simplement du travail à dix-neuf heures.

— Je t'emmène manger quelque part ? »

Il ne pose pas ses yeux clairs sur toi, par pudeur et par timidité. Cette délicate audace te retourne une seconde l'estomac. Alors tu réponds que oui, ça te plairait d'aller dîner avec lui. Ses lèvres dessinent un sourire léger pendant que ses mains caressent le volant, et tu peux deviner qu'elles sont chaudes, tu ne sais pas pourquoi, mais tu le sens de là où tu es, de ton siège, à côté de lui. Tu ne le crains pas, il est sincère, il est réservé, il est élégant. Mais étrangement tu n'y crois pas. Comme s'il n'était pas fait pour toi, comme si votre possible union était impossible, comme si tu ne saurais pas faire. Tu te sentirais peut-être maladroite, tu sais que tu gâcheras tout, que rien avec toi ne va jamais plus loin. Tu es comme un homme qui tombe amoureux et qui n'attend rien de sérieux, ça te fait peur. Si tu imagines une vie de couple, tu ne parviens plus à respirer convenablement, tu te vois avec des cernes, les cheveux négligemment attachés, tu te regardes dans la glace embuée de la salle de bain ou bien tu te vois placer des assiettes sur un îlot central et tu étouffes. Ça n'est pas pour toi, tu ne peux plus gérer, tu ne peux plus te consacrer à personne, pas même à toi. Tu t'es évaporée et tu as trop donné pour *elle*. Tu n'as pas été conçue pour la vie, ni sociale ni personnelle, tu as été, mais tu n'es plus, tu es morte d'une carence en amour-propre. Aussitôt tu regrettes d'avoir dit oui pour ce dîner, l'angoisse et la honte montent en toi. Comment font les autres ? Comment tombent-ils amoureux ? Au fond tu n'as jamais été amoureuse, car Barthélémy, avec le recul, n'était qu'une sorte de désir adolescent. C'était le corps, les sens en effervescence, le début du dérèglement de tes sens. Tu as été attirée parce que dans ses yeux tu sentais qu'il t'avait *repérée*. C'est fou comme adolescente, on entretient ce désir d'être *vue, repérée, regardée, désirée*. L'adolescente a presque besoin de se sentir en dehors d'elle-même, de devenir une femme, trop vite, et qui tombe dans les bras masculins sans réfléchir. Elle ne fait que sourire et les hommes ont envie de lui bouffer les lèvres. Ils la veulent contre eux, elle se veut emprisonnée dans leurs bras qui la serrent trop fort, ils se collent, ils s'embrassent sans prendre la peine de se connaître, et on s'en fiche parce que tous les deux savent qu'il n'existera aucun lendemain. Tout sera très vite oublié, l'adolescente regrette soudain un peu parce qu'elle croyait tout de même à un brin d'éternité. Après elle se sent soudainement rejetée, et elle revient à son âge, à sa vie de gamine qui veut aller trop vite. Elle est déçue, mais elle veut recommencer parce que c'est tellement bon ces lèvres qui l'embrassent, ces lèvres qui la cherchent, ces mains qui la caressent, ces joues rêches qu'elle a le droit de caresser ce soir. Elle a droit à tout, l'homme lui dit qu'elle est la reine, elle n'a qu'à choisir, elle passe pour une jeune fille facile et les hommes le savent, ça les amuse. Ils la testent comme des sans-cœur et par-dessus l'alcool, ils lui disent qu'ils sont amoureux, ils sont piqués. Puis ils l'oublient. Adolescente, on se fout la honte toute seule. On s'en fout tellement royalement quand on fait n'importe quoi, on croit tellement que l'homme, c'est toute notre vie. En fait ces soirs-là, ils ne sont personne, rien que des corps moites, collants et transpirants qui, sous l'effet de la musique, la clope et l'alcool, nous touchent et nous disent des mots qui, à eux-mêmes, suffiraient à nous faire jouir pour la première fois. Adolescente, tu chavires sous le poids de la domination masculine, et tu aimes ça.

Lorsqu'il te dépose en bas de chez toi, Adam a les joues rouges et les yeux qui pétillent. Tu es froide, mais tu le remercies sincèrement. Pour te protéger, pour lui éviter de s'attacher à toi, car tu sais que tu le décevras. Tu refermes vite la portière et tu ne te retournes pas avant d'ouvrir la porte de l'immeuble. Mais quand la voiture s'éloigne, quelques larmes roulent le long de tes joues. Tu te sens vulnérable, nulle et impolie. Tu te sens comme Alexandra. Tu as même l'impression d'avoir sur toi son odeur et dans ta tête son image très nette. Le sang qui coule dans tes veines n'est peut-être plus le tien, mais le sien, les pensées se bousculent, elle revient et te hante, et tu culpabilises, pourtant tu lui en veux, tu veux la rejeter et l'aimer encore. Elle sera éternelle en toi, c'est une flamme qui ne s'épuise jamais. C'est un cauchemar. Dans ton appartement silencieux, au milieu de la pièce principale qui sent la poussière, tu réfléchis un instant, longuement. Puis telle une folle tu renverses tout, les pots de peinture et les pinceaux, tu déchires une toile inachevée et terriblement triste, tu déranges tout, tu échappes des grognements comme pour te libérer d'un démon, tu te tires les cheveux et tu pleures. Tu fais saigner tes poings contre un mur et tu t'effondres par terre, recroquevillée, pleine de peinture, pleine de folie, perdue dans cette impression étrange de persécution, cet état paranoïaque.

Ce soir la ville se camoufle derrière le brouillard, les lumières sont floues et intenses, l'odeur de pollution est prenante, Paris est laide, malsaine.

Chapitre 5

3 décembre 1996. 18h05 : heure de grande affluence. Cinquième arrondissement, rame du RER B, station Port-Royal.

Le soir même, Alain Juppé, grave et chauve, passe aux informations avec Jean-Louis Debré, les sourcils froncés et la fossette convaincue au menton. Jacques Chirac est pâle, il dit que c'est « un acte de barbarie, de terrorisme. »

Tu ne le sais pas encore. Pendant qu'une bonbonne de gaz explose, tu refermes le robinet de la douche en contemplant tes pieds rouges. La buée recouvre le miroir et tu n'y vois que le contour flou de ton visage ovale, sur lequel retombent tes cheveux mouillés et sur ton front ta frange bientôt trop longue. Tu détestes sortir de la douche, depuis toujours. Tu as horreur de la chair de poule et du long frisson qui parcourt ton corps moite comme celui d'une sardine. Ce soir ton appartement est traversé d'une lumière hivernale agréable, tu te dépêches de te sécher et au passage tu te cognes le genou contre l'étagère, tu émets un grognement, et tu enfiles tes vêtements. Un jean et une chemise kaki, toutes tes bagues, des bracelets, un collier. Tu t'étonnes toi-même de te voir ainsi, tu sembles rajeunie. Tu maquilles tes yeux de crayon noir et tu constates que tu es redevenue toi, Marjorie avec sa frange et ses chemises. Tu termines d'attacher ta montre en contemplant de loin ta fenêtre, les yeux légèrement plissés pour les protéger de la lumière brute. Tu arranges tes cheveux, t'enveloppes d'un parfum doux qui autrefois avait le pouvoir de t'enivrer. Et ce soir, tu le redécouvres comme pour la première fois.

Tu as les larmes aux yeux parce que les odeurs ont le pouvoir de nous ramener une époque en arrière quelquefois. Celle avec Alexandra, les vendredis soir où vous sortiez, enveloppée de ton parfum, tu donnais envie. Tu l'avais encore sur ta peau le lendemain matin, mêlée à une odeur de soirée qui n'a pas disparu et qui te monte à la tête tant elle est forte. Il y a à la fois l'odeur d'homme, de clope et d'alcool, l'odeur de la jeunesse, celle du bar dans lequel vous vous êtes rendues. Ces bars te manquent, ces salles minuscules et dansantes où chacun transpirait fort, mais où personne ne s'en rendait compte parce qu'enivré de musique et de faux amours. Tu aimais cette proximité, la jeunesse aime le toucher, le contact, le corps à corps, la peau dégueulasse et suante, les bouches attrayantes, les sourires découpés dans les lumières qui donnent le tournis, sous les basses d'une musique à faire jouir. Tu lèves les yeux au plafond en inspirant longtemps pour empêcher tes larmes de couler. La vérité c'est que tu as vieilli. Bientôt trente ans et bloquée dans ta jeunesse dont tu as oublié de profiter. Tu es en manque. Tu n'as rien dans ta vie, rien d'une femme de trente ans au sourire éclatant, heureuse et comblée. Tu n'as que toi et ton appartement en bordel, ta vue parisienne qui t'a inspirée tant de fois et qui te dégoûte peut-être un peu désormais. Tu respires une mèche de cheveux enrobée de ce parfum qui rend fou. Avant de partir, tu bois un grand verre d'eau, tellement vite que ton ventre se gonfle d'un coup et que la nausée te vient. Un mouvement habituel de tes deux doigts pour balayer ta frange sur le côté. Tu enfiles ton manteau, le serres contre ton corps comme le ferait un homme avec toi, t'enroules dans une écharpe en laine que tu n'as pas ressortie depuis longtemps, deux ans exactement. Depuis ce soir d'hiver arrosé au vin chaud où deux producteurs de vin venus d'Alsace vous ont offert à chacune un gobelet en vous souriant. Ils avaient des gants sans doigts et des bonnets, des joues rouges, et des airs doux. Un peu plus vieux, plus sérieux, moins fous que vous et sûrement déjà amoureux d'une femme. Mais vous êtes arrivées pimpantes de jeunesse et ils se sont laissé aller le temps de cette soirée avec vous, appréciant vous parler et vous sourire. Rien de plus. Le lendemain, chacun avait oublié et chacun était retourné à sa vie. Toi tu n'as jamais oublié parce que ces rencontres te percent le cœur à chaque fois. Tu ne peux pas les oublier, et pourtant ce sont elles les plus furtives, mais les plus intenses, durant lesquelles le temps semble s'arrêter. Tu peux encore, ou alors est-ce ton imaginaire, sentir l'odeur du vin chaud et du froid sec. Puis enfin tu pars, laisses ta main descendre le long de la rampe comme dans un film en noir et blanc, sors en te crispant sous la morsure du froid. Le restaurant ne se trouve pas loin de chez toi, à pied tu mets une vingtaine de minutes, et pendant ce temps ton nez rougit, tes muscles sont compressés. Tu ignores comment cette soirée va se passer, tu as même l'impression que tu n'es pas tellement là, à la fois présente et absente. Tu penses beaucoup, tu croises des personnes dans la rue sans vraiment les voir, tu t'accroches cependant beaucoup aux odeurs, car dans l'hiver et le brouillard qui se lève, il s'opère une sorte de congestion. Tout un mélange, entre pollution, nourriture, crottes de chien, souffle des gens qui passent, odeur de ciel triste et de nuit froide. Une odeur de laine en plein nez puis ce petit brin de parfum que tu ne sens plus au bout d'un certain temps. Arrivée au restaurant, tu reconnais Adam qui t'attend. Tu le trouves beau et tu t'en veux de ne rien ressentir. Il dépose un baiser sur ta pommette en plaçant une main dans le creux de ton rein. Vous entrez dans le restaurant où, immédiatement, la chaleur adoucit les traits de vos visages. Les notes d'un piano tamisent l'ambiance, donnent à cet endroit un air de jazz. Une serveuse fort souriante à la queue de cheval serrée vous installe à une table proche d'une grande fenêtre très propre. Tu aimes les fenêtres propres parce qu'elles te font penser à des peintures. À te voir ainsi contempler l'extérieur, Adam te demande ce que tu as vu. Tu réponds que ça te fait penser à un tableau.

« Ah tu aimes la peinture ?

— Moi-même je peins.

— Vraiment ? Tu les vends tes toiles ?

— J'en ai vendu quelques-unes, oui. »

Il a un regard plutôt admiratif, la tête penchée sur le côté. Et à son tour il regarde la fenêtre.

« C'est Paris qui t'inspire ? »

Je prends le temps de réfléchir à sa question, le regard immobile. Et je finis par secouer la tête.

« C'est juste la vie qui m'inspire. Le spleen peut-être. L'humeur noire, je crois. »

Je vois son sourire extraordinaire et ses yeux posés sur mes lèvres, mais nous tournons tous les deux la tête vers la serveuse qui nous demande ce que nous souhaitons boire. Nous demandons chacun un verre de vin blanc. Elle nous sourit à nouveau fortement et je la regarde tourner les talons, se balancer sur ses hanches prises dans un jean noir, le dos cambré et la démarche dynamique. Son pas s'emballe avec celui du piano, elle sourit au pianiste au passage, qui se met alors à jouer plus fort. À l'autre bout du restaurant, il y a le bar garni de lumières d'un jaune doux. Une autre femme, plus vieille, peut-être cinquante ans, sans doute la patronne, allume un poste de télévision. Je définis mal l'écran, mais je devine qu'il s'agit des informations au parler de la journaliste. La gérante semble grave et intérieurement affolée. Elle est accoudée au bar et tripote ses lèvres par des gestes tremblants. Le piano se calme et ne laisse que pleuvoir des notes tristes et discrètes. L'écran se reflète dans les lunettes de la femme. Je la regarde un moment avant de revenir à Adam. Nous trinquons une fois nos verres de vin posés sur la table et tandis que je le porte à mes lèvres, les mots stoppent mon geste. Avec Adam nous nous regardons, les gens du restaurant se sont immobilisés. La patronne passe une main sur son front. Le piano se tait et la lourdeur s'abat sur la salle.

« La bonbonne de gaz explose dans la rame du RER B à la station Port-Royal, au cinquième arrondissement parisien, à une heure de grande affluence. Le bilan rapporte deux morts et plusieurs blessés. »

Alors c'est ça la vie ma grande ? Tu es au restaurant et tu apprends qu'il y a un attentat dans ton arrondissement, tu apprends qu'il y a des morts ce soir, des gens blessés qui s'en souviendront, des témoins terrorisés, des fous sur Terre pas loin de toi. Après cela, une fois vos plats servis, vous ne savez plus quoi dire. L'ambiance du restaurant est lourde, mais vous échangez lui et toi quelques paroles sérieuses, des questions de vie du genre : « Et toi, c'est quoi ton histoire ? » Comme si l'on devait raconter notre vie tel un roman parlant. Tu n'aimes pas ça, alors tu es restée assez en surface, tu n'avais pas la tête à parler de toi. Depuis un certain temps, ou bien depuis toujours, tu te sens vulnérable dès qu'il s'agit de parler de toi. Tu n'oses pas, quelque chose te fait taire intérieurement, comme si tu ne valais pas la peine qu'on t'écoute. Pourtant lors de cette soirée vous riez à propos d'un gros bonhomme assis seul à une table pas très loin, en train de manger, les sourcils froncés, l'air grave et méchant. Il regarde son assiette sous tous les angles, puis quand il pose ses couverts, il a l'air d'avoir chaud, il commence à s'agiter un peu, s'enfonce dans sa chaise puis pose les coudes sur la table, s'estompe le front de sa serviette, desserre le col de sa chemise. Il tente de prendre son verre de vin bien rouge, mais la coupe lui glisse des doigts et se renverse sur la table. Il a un sursaut et émet un cri tout à fait ridicule. Il se frotte les mains nerveusement en regardant partout autour de lui, au cas où quelqu'un l'aurait remarqué. Il croise vos regards et rougit de plus belle, plus violemment encore, et détourne lentement les yeux, très lentement. Il interpelle la serveuse qui n'a plus du tout le sourire suite à l'annonce de l'attentat, et lui demande ce qu'il y avait dans la sauce arrosée sur ses pommes grenailles. « Une sauce aux truffes, monsieur. » Et le bonhomme la remercie en émettant un bruit douteux de la gorge, se frotte les mains, et n'y tenant plus, se précipite aux toilettes. Vous ne le reverrez plus jamais, car après ce fou-rire duquel vous aviez honte, vous vous êtes rendus au bar et à nouveau, le masque pâle a recouvert ton visage. La patronne désemparée et ahurie par le drame prépare l'addition, en écoutant encore le poste de télévision. Un homme à lunettes témoigne dans la nuit, emmitouflé dans sa grosse écharpe. Il a aperçu une des auteurs de l'attentat, une femme. « J'ai vu une femme blonde parmi le groupe, je crois, très maigre, une coupe au carré… Ce n'est pas elle qui a lâché la bonbonne, je ne crois pas. Mais quand la bonbonne a explosé, elle s'est jetée dans la foule ». La journaliste annonce qu'elle est morte. Adam te secoue un peu, il touche tes bras, te parle, tu es dans un aquarium, tu n'entends rien, la patronne remonte ses lunettes, les serveurs affluent vers le poste de télévision, quelqu'un sort de la cuisine en s'essuyant le front, puis frottant ses mains dans un torchon. Le piano joue fort d'un coup, les notes pleuvent en un escalier d'aigus très rapide, comme si tu dégringolais tout un étage, tu perds pied, ça te soulève le cœur. Le cuisinier est grand, immense, enroulé de son tablier blanc immaculé, ses quelques taches de rousseur sur les joues et sur le nez, et son épaule plus haute que l'autre. Il jette un œil dans ta direction, un moment d'arrêt où il n'y a plus que vous deux. Mais Adam passe un bras autour de ta taille et t'entraîne vers la sortie en disant « au revoir » d'une voix cassée.

Dehors tu ne te sens pas bien, dans ton manteau tu meurs de chaud alors que le froid est insoutenable. Adam te demande plusieurs fois si tu vas bien, et tout ce que tu fais c'est hocher la tête en regardant par terre. Plus rien ne va, ton monde s'effondre. « J'ai tellement envie de t'embrasser Marjorie… » Adam se rapproche un peu plus de toi et tu ne le repousses pas, tu te laisses faire comme si tu n'avais plus rien à perdre, tu te laisses embrasser comme si tu acceptais qu'on te tue à coup de balle. Tu ne luttes plus contre cette vie, tu t'abandonnes pour ne plus penser à rien, tu ne ressens absolument rien, tu es en plein vide, en pleine chute. Cet homme te tue à coup de baisers. La porte du restaurant s'ouvre et naturellement, pendant qu'il t'embrasse, tu ouvres les yeux et les tournes vers la porte. Entre les lèvres de Noam, l'homme de Narbonne, un point rouge perce la nuit, sa main la plus basse est enfoncée dans la poche du tablier, ses yeux semblent te parler. Il te fixe puis il les abaisse, toi tu refermes les tiens sur des larmes naissantes, tes lèvres se crispent entre celles d'Adam. Tu es dans un cauchemar infernal. Alors rassemblant toute ta force tu te décides à repousser ce pauvre homme qui semblait te promettre l'éternité, tu sais ce que tu perds, mais tu te dis que l'amour n'est pas pour toi. Cet homme est trop bien, toi tu ne l'es pas assez. Tu lui feras du mal. Tu leur feras du mal à tous tant ta douleur est terrible. Tu es invivable, incapable d'aimer, tu es devenue Alexandra. Tu es son fantôme. Tu as tellement mal au cœur en voyant Adam qui ne comprend pas, il est seul avec ses bras ballants, tandis que Noam écrase sa cigarette et rentre dans le restaurant chaud. La porte se referme et tu regardes une dernière fois Adam en t'excusant mille fois du regard, ta langue est trop pâteuse et ta gorge trop encombrée. Tu lui tournes le dos et t'enfonces dans la nuit. Ce soir, tu passes à côté de la vie.

Imprimé en Allemagne
Achevé d'imprimer en février 2023
Dépôt légal : février 2023

Pour

Le Lys Bleu Éditions
40, rue du Louvre
75001 Paris